私事……

筑波に来て6年が過ぎました。

東京へ出て来た1年目は，家族を山口県に残し，離ればなれの生活をしていました。

家庭をもってから，いつも一緒に過ごしていた妻，長女，長男が同じ家にいなかったので，とても寂しかったことを覚えています。わたしが東京へ来た1年目に，息子は小学1年生になりました。遠く離れていましたし，わたしも1年生の担任になったこともあり，入学式には出席することはできませんでした。

しかし，息子が入学した小学校は，わたしが勤めていた学校だったこともあり，元同僚が写真をLINEで送ってきてくれました。離れていながらも，人の温かさを感じることができ，うれしく思っていました。

2年目には，家族も東京へ出てきてくれました。とてもありがたかったのですが，わたしの決断により，家族の人生も大きく変えてしまったと思っています。

我が家で2年生になった長男は，最初で最後となった山口県でのクラスが大好きだったようです。担任だった紀村先生も，クラスのお友だちも。

転校するときに撮影してくださったクラス全員が映った写真を眺めては，
「みんな，元気かな？　楽しかったなあ」
と，言っている小さな我が子を見ていると，その当時，胸がギュッとなりました。

姉は5年生のはじめから東京の小学校に通い始めました。慣れない場所で，高学年からのスタートを切ることは，とても難しかったのではないかと心配もしていました。

023年の3月に，姉は中学校を，弟は小学校を卒業しました。

長女の卒業式には参列することができませんでした。6年生の担任をしていたためです。中学校の卒業式の日は，ちょうど娘の15回目の誕生日と重なっていました。卒業式のあった日の夕方，クラスで参加できる生徒は全員，地域交流センターに集まったようです。数名の保護者の方もその会に参加してくださり，楽しい時間を過ごしたことを家に帰ってから教えてもらいました。

誕生日だった娘に，全員でサプライズとして，「ハッピーバースデー」の歌も歌ってもらったようです。本当にうれしそうに話す姿を見て，担任の先生をはじめ，お友だちに感謝しました。

息子の卒業式は，わたしの春休み1日目だったこともあり，参加することができました。緊張した顔で入場する姿は新鮮でした。

学年全員で「卒業のことば」を言うあたりから，我が子の目には涙が浮かんでいるようでした。退場するときには，涙をポロポロと流していました。

そんな姿を見ていると，親として，
「この学校に子どもを通わせることができて，よかったな」
と思いました。それと同時に，自分は卒業していった子どもたち一人一人や保護者の方を，同じような気持ちにすることができていなかったなと思いました。

また，新しいスタートが来ました。できることをがんばろうと思います。

146号編集担当　森本隆史

算数授業を見直す14の視点

point of view

森本隆史

◆授業を見直しているだろうか

わたしたちは日々授業をしている。１年生以外，算数の授業は毎日ある。算数に限らなくても，国語，理科，体育，図画工作など，年間に1000時間くらいは授業をしている。

教えるプロとして，これだけ多くの時間を費やしているのだから，日々，授業力がついて，授業がうまくなっている。と言いたいところだが，自分のことを考えてみても「授業がうまくなっているのだろうか」と，不安になることが多い。

我々は，目の前にいる子どもたちに全力で向き合ってはいるが，日々の忙しさに疲れ，「自分の授業を見直す」ということをおろそかにしがちではないだろうか。

ある程度の経験を積めば，子どもたちに教え込む授業はできるようになる。しかし，それは「教えるプロ」ではないし，求めている授業ではない。

年数を重ねるごとに，自分の理想の授業像は変わっていくので，きっといつまでたっても，自分の求めている授業をすることはできないのかもしれない。ただ，自分が子どもたちとしてみたい授業をイメージして，少しでも，その形に近づくために，日頃の授業を見直していく必要がある。

◆授業を見直す視点

授業を見直すためには，その視点がはっきりとしている方がよい。本特集では，14の視点を提案している。

・授業中，どこにいますか？
・授業中，どこを見ていますか？
・どんな発言をとりあげていますか？
・子どもの何を見取っていますか？
・どう話し合わせていますか？
・どうノートに書かせていますか？
・授業後，集めたノートの何を見ていますか？
・子どもが数人しか手を挙げていないときどうしますか？
・授業前，教科書の何を見ていますか？
・授業前，何を考えていますか？
・授業前，発問をどのように決めていますか？
・板書で何を意識していますか？
・習熟で何を意識していますか？
・授業の何を振り返っていますか？

例えば，
「あなたは授業中，どこにいますか？」
という視点で考えてみる。

当たり前だが，わたしたちは教室にいる。教室のどこにいるのだろうか。
・黒板の前にいる

・いちばん後ろにいる

・苦手な子どもの横にいる

・落ち着きなく，あちこちの場所にいる

　ずっと同じ場所にいる教師はいない。1時間の間にかなり動いているはずである。授業を見直していくとき，「何のためにそのようなことをしているのか」と，その目的について考えることが大切である。

　どうして，「いちばん後ろにいる」のか。黒板の字は，いちばん後ろに座っている子どもにどのように見えているのだろうか。と確かめるためかもしれない。だが，これは，どの教科でも言えることである。算数ならではの立ち位置があればそれを知り，自分はどうしていたかを振り返り，取り入れることができれば取り入れる。そして，授業を改善していく。そのために見直していく。

　いずれにしても「どのような意図をもって授業をしているのか」と考えることが重要である。

　「あなたは授業中，どこを見ていますか？」という視点で考えてみる。自分はどんなときに，子どもたちのどこを見ているか。

　コロナの影響で，子どもたちがマスクをするようになってからは，子どもたちの眉間のあたりを見ることが多くなった。子どもたちは「わからない」と思ったときには，眉間にしわがよることが多いからである。わたしの場合はそうだが，他の方には，他のこだわりがあるはずである。

　146号では，一つの視点に対して，二人の方が執筆している。ひょっとすれば，同じような内容になっている場合がある。わたしが読者なら「そうか，二人ともが大事だと言っているということは，かなり大事なことなんだな」と，感じるであろう。

　A先生は「○をした方がよい」，B先生は「○はしない方がよい」と，全く異なる内容が書かれている場合があるかもしれない。

　これはこれでおもしろい。それぞれの意図を感じ取り，「自分だったらどうするだろうか」と考えていただくきっかけになれば幸いです。

◆2つの座談会

　本号では2つの座談会について載せてある。

(1) 算数の授業について悩んでいること

　4名の先生方にご参加いただき，日頃，算数の授業をしていく上で，少し困っていることについて語っていただいている。全国の先生方の中にも同じことに悩んでいる方もおられるのではないだろうか。

　困っていることに対して，算数部のメンバーが自分だったらどのようにするのかについて述べている。

(2) どのようなきっかけで算数授業を見直したのか？

　こちらは，筑波大学附属小学校算数部の盛山隆雄，大野桂，田中英海，森本が参加した。

　自分たちはどのようにして，算数の授業を見直してきたのかについて，語ってもらっている。

授業中，どこにいますか？

立つ位置の意味

opinion

盛山隆雄

1 真正面に立つ　―全体を見る力―

　教室の真正面に立って全体に向かって話をする際，最も意識することは，30人なら30人の表情をしっかり見ることである。一人でもそっぽを向いていたり，横を向いていたりしたら，気に掛けることができなければならない。もしかしたら，それは授業中にどこにいるかという問題よりも，捉えようとする姿勢が必要である。

　話を聞いていない様子の子どもが見受けられたら，話を止めて，

「ここまでの話を言える人いるかな？」

と尋ねることもある。いずれにしても，全員の様子を把握することが大切であろう。

　逆に言えば，全員を見据える眼力があれば，子どもたちは目を背けることができず，話を聞くようになる。

2 横に立つ

―話し手と聞き手の両方を見る―

　前に出て発表をする子どもと，その発表を聞く子どもがいた場合，どちらの表情も見たい。その場合，教室の前よりの横に立って，両者を見るようにする。

　もし聞き手の表情が曇ったと感じたら，話し手にそのことを伝える。

「ちょっとわかりにくいと感じている人？」

と聞き手に尋ねて，多くの手が上がる様子を話し手に見てもらう。

「さっきのところが伝わっていなかったみた

いだね。もう一度話してみようか。」

などと伝え，巻き戻して話してもらうこともある。

　話し手の目線が聞き手にいかず，黒板や手元のノートばかり見ていると感じたら，

「聞いている人の表情を見て，伝えようとしてごらん」

などとアドバイスをすることができるだろう。話し手と聞き手の両方を見ながら授業を展開するときの立ち位置を意識しておきたい。

3 後ろに立つ

―話し手の目線を誘導する

　発表するときに，不安から近くにいる教師の方を見てしまう子どもが多い。そこで，教師もさっと後ろに行って聞くようにする。話し手は教師を目で追い，結局は顔を上げて教室の後ろの方まで見ながら説明や発表をすることができるようになる。後ろの人の表情が見えるようになれば合格である。

4 子どもたちの中に入る

　今は，タブレット等を用いて子どもたちの思考を把握することもできるが，それでも自力解決などのときに，適宜子どもたちの近くに行って子どもの様子を見ることが大切である。授業を展開する上で，聞こえてくる呟きや子ども同士の話し合い，ノート等から得る情報は，重要な役割を果たすことになる。

子どもの反応を見ながら授業を進めるために

opinion

夏坂哲志

◆子どもの表情が見える場所

授業中，一番長くいる場所は子どもの前方。それは，子どもの表情がよく見える場所だからである。

授業は，子どもの表情の変化，口や手の動きを見ながら進めることが多い。笑顔で「なるほど」とうなずいているのか，首を傾げ，困った顔をしているのか，あるいは，手元で何か試そうとしているのか。そんな様々な表情の変化を見ながら，次の一手を考える。

それは，誰かが黒板のところで説明をしているときも同じ。

発表をしている子と，それを着席して聞いている子の両方の様子を見たいから，無意識のうちに教室の横の方に立っている。

このような理由から，子どもたちが全員黒板の方を向く座席の配置であれば，黒板の前に立つ時間が長くなってしまう。

もし，全員が同じ方向を向く机の配置でなければ，もっと子どもの間を歩き回り，全員の表情を確認しながら授業を進めることになるだろう。

◆板書を遮らない場所

授業は，問題や子どもの考えなどを板書しながら進む。黒板に書くためには，黒板の前に行く必要がある。

黒板が教室の1つの面に配置されている普通のつくりの教室では，子どもの座席の配置や向きにかかわらず，やはり黒板のある壁側に立つ時間が長くなる。

もしこれが，教室の周りの壁全部が黒板やホワイトボードのようになっていれば，教室内をぐるぐると周りながら授業を進めることになるだろうか。

黒板に直接書くのではなく，教師が手元に持つタブレットを操作したり書き込んだりしたものがディスプレイに表示されるようなスタイルになれば，授業中に立つ位置も変化するかもしれない。

いずれにしても，提示した物，板書した事柄が子どもたちからよく見えるようにしておく必要がある。黒板上に書かれている数字や言葉が，その先を考えていく上で手がかりになるからである。

だから，書き終わったら黒板の脇に立つことが多い。

さらに言うと，書いている途中も，書いている文字や図が子どもから見えるように，体を半身にして書くことが多い。（私の場合，チョークの持ち方も独特らしい。授業を参観していた方に指摘されて気づいた。）

だが，わざと黒板の前に立ちはだかって板書が見えないようにすることもある。たとえば，「先生，ちょっとどいて」と子どもに言わせることで，ヒントになることに注目させるとか，要点をノートにまとめさせるときに，大事なポイントを子どもに思い出させるためである。意図をもって，使い分けたい。

授業中，どこを見ていますか？

◯◯の視点で見る

opinion

田中英海

1 ねらい描き，見る

どこを見ているかというと授業のゴール，ねらいを達成した子どもの姿をぼんやり見ている。どこを見ていますか？　に正対していないではないかと突っ込みを入れたくなりそうである。しかし，授業のねらいを意識していないと，どこを見ていても結局意味がなく，大事な子どもの姿を判断できない。

2 集団を見る視点，個を見る視点

例えば自力解決の時，若い頃は座席表のボードをもって，どの子がどんな解決をしているのか，誰から指名していくのか，素朴なアイデアからどうやって数学的に高めていくのか，などと練り上げのプランを立てるように子どもを見ていた。この場合，どちらかというと個を見るというよりも集団を見ているのではないだろうか。学級全体の傾向を捉え，授業のねらいに向かうためにはどんな手を打てばよいのかというのは，教師視点で授業のゴールへの道筋を見ている。

一方で，解決の手がかりをつかめていない子は誰か，典型的な誤答をしているのは誰かなどに焦点を当てる見方もある。全体の中で個を見るのである。解決できた子や分かっている子ではなく，始めは上手く解決できない子たちが，ねらった姿に変容する過程に，算数で身に付けさせたい見方や考え方がある。

3 子ども視点で見る

個を見ようとすることに加え，子ども視点で授業や思考の流れを見たい。言うのは簡単であるがこれが非常に難しい。子ども視点で，授業をうまく捉えられると，焦点を当てたい教師のねらいと子どもの考えたい問いが一致してくる。

ではどうやって，子どもの視点で，授業や子どもの思考の流れを捉えようとできるのか。物理的な方法だが子どもの椅子に座る。黒板前からの発表や話し合いを聞いてみる。ペアの子の話し合いを聞いて，疑問を問いかけてみるのもいい。また参観者の時に，一人の子だけを45分間見ることもお勧めしたい。私は一人の子をずっと観察したことで，授業が学級集団としての1つの流れではなく，35人学級なら35人の思考のストーリーがうまく絡み合ったり適度に解けたりしていることに気づける。全体の話題に入ったり，入らなかったりしても思考を進めている深く学ぶ姿が見えた。教師が練り上げのプランを立てていても，独りよがりだと子どもはその流れにのれていない。

もう一つは研究者の視点として，子どもの分かり方，思考の変容のきっかけを捉えようと見る。感心するような解決がいつもあるわけではないが，その子一人一人の分かり方，表現，ノートから思考の様相を学び取ることができる。授業を大きな流れだけで捉えようとせず，個の分かり方，個の思考の流れを見たくなる時，授業者としてのみえ方がきっと変わる。

授業者のまなざしは子どもの夢を見る

opinion

高知大学教育学部附属小学校　森　寛暁

1 見たいものしか見ない授業者

授業中，どこを見ていますか？

この問いの答えを探していると，にがい経験が蘇った。それは新任時代。自力解決後のペアトーク，全体共有の場面。子どもたちはそれぞれ自分の考えを相手に伝え，納得がいくまで意見を出し合い，活発に交流していた。その後の全体共有の場面では，次々と手が挙がり，生産性のあるまとめが出来上がり，授業は深まりをみせた。と，そう思っていた。いや，そう思えるだけの姿しか私の目には映っていなかった。活発に意見交流している子や手を挙げている子の姿は見えていたのに，その他の姿はまったく見えていなかったのだ。後日，授業ビデオを見て，はっとし，猛省したことを思い出した。あの時，活発に意見交流している中，一人ぽつんと相手の声にもまったく反応せず下を向いていた子。発表された意見に対して不安げな表情をしていた子，意味が分からないままに，まとめを写していた子。そんな子どもたちの姿を私は見ることができていなかったのだ。

では，なぜ一部の子どもの姿しか見ることができなかったのだろうか？ビデオにははっきりと映っていたのにもかかわらず。要因は，私が「見たいものしか見ようとしていなかった」からだろう。その頃の私には，めあてを教師が一方的に提示する授業づくりに違和感があったものの，指導案通りに流れる授業への憧れがあった。だから，活動に消極的な子どもの姿や予期せぬ子どもの反応に対して真摯に向き合うことができなかったのだ。

では，今の自分はどうなのだろうか？ あの頃と同じだろうか？ 新しく見えてきたものはあるのだろうか？

2 「目」から「まなざし」へ

今の私は，手を挙げている子よりも，手を挙げていない子に目がとまる。「分かった！」と元気に言い寄ってくる姿よりも，分からなそうに首をかしげる姿に目がとまる。いつからか，そっぽを向いている子も，不安げな表情の子どもも，「ぼくも絶対できるようになりたい！ 分かりたい！」と願っていることに私は気付いた。分からない子がいくら分かっている子の思考過程を追体験しても，納得して理解することが難しいことにも気付いた。だからこそ，その子なりの分からなさや理解度を丁寧に捉えることが，分からない子が「分かった！」と言える瞬間をつくり出すための第一歩となる。そう考えるようになった。

このように，私の指導観や児童観が変化するに伴って，私の「目」は見るといった行為を果たすものから，「まなざし」に変わったのだ。「まなざし」には，単に目で見るということにととまらず，対象となるもの（人）をどのように認識するのか，どのようになって欲しいのか，という意味合いが含まれる。心ある授業者のまなざしは子どもの夢を見るのだ。

子どものどんな発言をとりあげていますか？

価値の共有を目ざして

opinion

青山尚司

1 公開授業をふり返って

昨年度，自分自身が行った公開授業の映像を改めて見直すと，頑張っている子にむやみに寄り添おうとして，授業前に意識していたことを見失った指名の仕方をしてしまっていることに気付く。時としてうまくいくこともあるが，その再現性や必然性は低い。逆にそのような発言の取り上げ方をしていて失敗をしたことも多い。それは，授業者である自分の中で，発言の取り上げ方に対する意図やプランが明確になっていなかったからではないだろうか。このような反省から，授業中に子どもの発言をどのように引き出し，取り上げていくべきかを改めて考えてみたくなった。

2 「問い」となる発言を引き出す

例えば，立方体の展開図について学習をした授業では，各自が工作用紙で作った立方体を使って考えていった。「辺の部分を何本切ったら切り開くことができるかな」という問題を提示し，いつも辺を7本切ることで平らに切り開くことができるという事実が明らかにした（この根拠を探る授業は次時に行った）。実際に子どもたちが立方体を切ってできた展開図を黒板に貼りながら，「あれ？ 形が違うね」とつぶやくことで，「もっと違う形もできる」という反応を引き出し，展開図の種類とその作り方を探る授業とした。

3 「共有」を促す発言を引き出す

自分の授業づくりをふり返ると，まず，中心となる活動につなげる問いを引き出すための手立てを考えていることに気づく。そのため，そこまでの流れはある程度うまくいくことが多い。しかし最近，授業をしていて本当に難しいと感じるのは，その問いを解決していく中で，授業のねらいにつなげ，さらに発展させていくことである。前述の立方体の展開図の授業では，異なる形の展開図を闇雲に探すのではなく，落ちや重なりがないように効率的に見つける方法を共有していくことが重要である。そして，その考えや方法のよさを実感し，別の場面でも汎用的に用いようとする姿勢につなげていきたいのである。

しかし，そこでの発言の取り上げ方が曖昧なため，終盤に思考が拡散し，最後は教師が引っ張ってしまう授業になってしまう甘さがある。その改善策として，「そんな形をどうやって見つけたのだと思う？」と全体に問い，既存の展開図から何を変化させたのかを引き出していくことが大切になる。できれば，その問いを子どもたちから引き出したいものである。

今後は，これまで以上に子どもの発言の価値を全体に共有する意識をもち，その観点で子ども同士がつながるように授業改善に取り組んでいきたい。

「価値を問う」ように取り上げる

大野　桂

■ねらいの達成につながる発言を取り上げる

授業とは，子ども達が自分達の力で本時のねらいを達成するために行われるものである。

だから私は，ねらいの達成につながると思われる発言が，どこからか表出しないか常に耳を澄まし，小さなつぶやきさえも聞き逃さないよう，集中して子どもの言葉を捉えようとしている。そして，そうした言葉が表出したら，「さあ出た」と，気持ちを高ぶらせ，取り上げる作業にかかる。

■よく教師が「誉めて，勧める」が……

それでは，ねらいの達成に直結する発言の取り上げ方はどうあるべきなのであろう。

算数の本質をつく素晴らしい発言なので，もちろん賞賛すべき価値がある。それなら，いわゆる「誉める」という取り上げ方をすればよいと考えるかもしれない。

例えば，「いいこと言いましたね。○○さんの考え・方法はとても素晴らしいですよ！」と全面的に誉めて学級全員に勧め，さらに「みんなでしっかり理解してみましょう」と全員に理解を促すという取り上げ方である。

十数年前の私は，この「誉めて，勧める」という取り上げ方をしていた。なぜなら，そうすれば，授業は本時のねらいから逸れることなく，清流のようにねらいの達成に向けて流れていったからである。

■「誉めて，勧める」のは子どもであるべき

しかし，ある研究授業後の協議会で，先輩から「誉めるのが早すぎる」と指摘されたことをきっかけに，「誉めて，勧める」取り上げ方をするのを私はやめた。具体的には，「あなたは教材研究をしているから発言の価値が分かる。でも，ほとんどの子どもは，あなたの誉めている姿を見ながら，何を誉めているのだろうとぽかんとした顔をしていた。つまり，発言の価値が分かっていないということである。価値も分からないのに，○○さんの考え・方法がいいと先生から勧められるのは，意味も分からず教え込まれる，いわゆる教え込みの授業と何も変わらない。○○さんの発言の価値は子どもたち自らで感じなければ意味がない」とおっしゃった。

■「発言の価値を問う」取り上げ方にする

指摘のとおり，教師が価値を伝えるのではなく，発言の価値を見出すのは周りの子どもたちであるべきである。それが，自分達の力で本時のねらいを達成するということである。

そこで私は，ねらいの達成に直結すると思われる発言が出たとき，「さあ出たぞ」と気持ちは高ぶりつつも冷静になり，「**○○さんのお話をみんな聞いたけど，いいお話に聞こえた？？**」と，発言の価値を問う取り上げ方をすることにした。すると子ども達は，その価値を語り始めるようになった。つまり，価値を解釈することが授業の目的となり，対話による解釈の仕合いにより，自分たちの力で本時のねらいを達成するようになっていった。

子どもの何を見取っていますか？

視点をもって見取る

opinion

森本隆史

◇2つの観点

算数の授業をしていると，大きな声を出して手を挙げる子どもが多く出てくる。このような子どもたちは，自分に言いたいことが生まれているから，自然と大きな声が出てくる。

きっと，このような子どもたちが，この1時間の算数の授業の中で，本当に困るという場面はなかなか出てこないのだと思う。

それとは別に，友だちの考えを聞いた後，眉間にしわをよせている子どももいる。そんな子どもたちは，友だちが言った式の意味がわからなかったり，図形のどこの話をしているのかがわからなかったりしていることが多い。授業の中で困っているのである。

わたしたちは，授業中，いろいろな場面で困っている子どもたちを見取っていく必要がある。困っていない子どもは，放っておいても，何とか考えることができる。だから，わたしたちは，困っている子どもと，そうでない子どもの割合が，学級全体でどのような割合になっているのか，「子どもたちの状況」をまずは見取る必要がある。

では，どうやって見取るのか。

4年生の四角形の学習が終わったときに，ある四角形をかくして，少しずつずらしていき，子どもたちに見せていく。そして，右上のようになったときに，

「このかくれている四角形は正方形？」と，子どもたちに尋ねてみる。

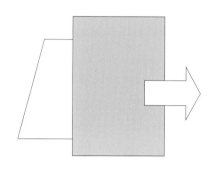

教師がこのように尋ねると，ほとんどの子どもたちが，「絶対にちがう！」と言う。

わざとちがうことを言うことによって，子どもたちからこのような言葉を引き出すのだが，こんなときには，「ちがう」と言っている子どもを見取っているのではなく，反応していない子どもを見取っているのである。反応していない子どもが学級の中にどのくらいいるのかを確かめてから，次の一手を考える。

困っている子どもが少ない場合は，子どもたちの考えていることを見取っていく。2つめに意識したいことは，「子どもの思考」を見取るということである。

「そうか，正方形でないとしたら，どんな四角形なんだろうね。どんな四角形がかくれていると思うか，ノートにかいてみて」

この場合，可能性がある四角形として，平行四辺形と台形があることに子どもたちはすぐに気づく。しかし，ひし形もあるということに気づいている子どもがどのくらいいるのかは，ノートに表現させるなどしないと見取ることはできない。

子どもの心情を想像して授業を展開する

大野 桂

■手を挙げていない子どもがいる

自力解決後の発表場面で，元気よく挙手している子どもの中に，手を挙げずにややうつむいている子どもがいた。

私は，「自力解決の時に求めた答えに自信がない。発表場面で指名されると困るから，先生の目にとまらないよう顔を伏せている」とこの子の心情が想像できた。なぜなら，自力解決時の机間巡視で，この子が誤った答えを書いていることを把握していたからである。

この子に机間巡視では指導せず，誤答をしたと把握するにとどめた。発表時に挙手するか見てみたかったからである。誤答かもしれなくても発表し，誤答だったら，仲間と何がいけないのかを考えていこうという，前向きの気持ちを持っているか見たかったのだ。

しかし，うつむいた姿を見せたのだった。

■不安で自信がない気持ちを察する

周りの子供が挙手している中で，挙手しないのは不安なはずである。自分が求めた答えを仲間に聞いてもらうなどもってのほかで，自信のなさに落ち込んでいる状態だろう。そんな状態では主体的に授業に参加できない。

そこで，まずは不安な状態を取り除くべく，「手を下げてください」と全員に挙手をやめさせた。もちろん挙手している子供に正答を言わせ，それを聞かせることで誤答をした子に理解させるという方法もある。しかしそれでは，**「先生は見回っていたんだから，僕の間違いに気づいていたはず。それなのに，間**違いは放っておいて，正解の話を聞いて授業を進めるんだ。算数って正解じゃないといけないから怖いし不安だな」**と思うかもしれない。しかも，正答を聞いても理解できないから困っているのが実態である。

■誤答の修正を中心に据えた授業展開

だから私は，誤答に徹底的に寄り添い，誤答へと至った見方・考え方を仲間で考え，その修正点を明らかにし，子どもの力で正答へと修正していく授業展開にしようと考えた。

そこで，**「みんなが解いているのを見てまわった時に〇〇（誤答）という答えがあったよ」**と名前は伏せて，もちろん間違っていると言わずに全体に紹介した。続けて，**「〇〇と求めた子は，どうしてその答えに至ったんだろうね？ みんなはその気持ちは分かる？」**と発問し，学級全体で誤答へと至った見方・考え方を明らかにすることを中心に授業を展開することにした。

すると，「きっとこう考えたんじゃない」と誤答へと至った見方・考え方が明らかになり，「ただ，それだとここがうまくないんじゃないかな……」と正答へと至る修正点が明確になった。誤答をした子も自分を考えが修正され，納得のいく確かな理解へと至った。

誤答をした子が**「私の考えを話題にしてくれた。みんなで考えて自分が何を間違っていたのかよく分かった。算数ってみんなで修正していけばいいから安心して学べるな」**と思っていたら嬉しく思う。

どう話し合わせていますか？

子どもにとって話し合いやすい場面と，難しい場面

opinion

青山尚司

1 違いを見つける話し合い

面積の学習を終えた4年生に，右のように3つの長方形A，B，Cを示した。

最初は「3つとも同じじゃん」という反応だったのだが，「ちょっと違う」という子がいる。「すごい目だね！」と驚き，「どこが違うかな？」とペアで話し合う時間をとった。子どもたちは見比べながら話し合い，「左に行くと縦が長くなっている」，「でも横が短くなっています」といった反応が引き出された。

2 多様な考えが生まれる話し合い

次に，「面積はどれが大きい？」と問うと，「辺の長さを知りたい」という要望があり，Aが縦61cm・横39cm，Bが縦60cm・横40cm，Cが縦59cm・横41cmであることを示した。すると，「長い方の辺が長いA」，「縦が長くなって，横が短くなっているから全部同じ」，「縦も横もぴったり整数だからB」と，三様な反応が引き出された。どれが正しいかを確かめるために自力解決の時間を取ったのだが，話し合いは止まらない。しばらくすると，「Cだ！」という子たちが出てきた。直観の対立から抜け出そうとした子たちが，実際に求積をして比べたのである。

3 根拠を求める話し合いの難しさ

それぞれを式化して計算し，Cの面積が最も大きいとはっきりしたことによって，議論に終止符が打たれるかと思いきや，「おかしい」，「なんで？」という反応が聞こえてきた。「なぜそうなるのか？」という根拠を求める「問い」が生まれたのである。

理想的な流れのようで，実はここから子どもの思考は停滞した。違いを見いだす1つ目の話し合いや，直観での多様な意見をぶつけ合う2つ目の話し合いでは，どの子も自分の意見をもち，活発に話し合った。しかし，根拠を明確にする3つ目の話し合いを活性化するのが難しかったのである。そこで，増えている部分と減っている部分，それぞれへの着目を促し，その差から面積の変化を明らかにしていったのだが，やや教師が引っ張る形になってしまった。

4 おわりに

授業の終盤でこそ，子どもたちに活躍をしてほしいものである。本実践の場合，もっと面積を大きくしていくにはどうしたらよいかを考えていく流れにした方が，多くの子どもたちが動き，自然と面積が大きくなる仕組みに着目していったのかもしれない。このことに気づいたのは，縦横をそのまま1cmずつ変化させ，$50 \times 50 = 2500$（cm^2）が最大であることを見いだした子どものノート記述である。

授業が停滞してしまう理由は，根拠を明らかにすることばかりに目を向けている自分に原因があったのではないだろうか？

子どもたちの対話活動を見直す

大分県別府市立亀川小学校　重松優子

opinion

1 対話活動を見直し始めたきっかけ

　昨今，どの学校でも重視され，授業の中で必ず取り入れられる活動だ。しかし，私は，「今じゃない」と思う時に友だちと話させられる，理解していないのにペアとだけ話さなければならない，自分の考えを言うときに勇気を出して話したのに，「わかりました」で終わらせられる，時間は先生の都合次第……などの理由で，対話活動が好きではなかった。しかし，今自分が子どもにさせていることは，その嫌だったときの対話活動。なぜ今隣の人と話すの？　何を話せばいいの?! と思ったことが何回もある。それを強いているのかもしれないと感じ，改めて子ども主体の対話活動の在り方について考えるようになった。

2 対話活動の変化

　まず，授業に対して話し合いを行った。子どもたちが話したことは，「話型にあてはめるとうまく言葉が出ません」だった。対話について「こう話しましょう」という型が学校で統一されていた。それならばと，話型をなくして話しやすい言葉で相手に伝えることから始めた。次に，子どもたちが話した言葉は「相手はペアやグループじゃないといけませんか？」だった。自分には衝撃的な言葉だった。自由にさせると，仲のいい人同士で話して収集がつかなくなると考えていた。しかし，子どもたちが授業だからこそ聞きたい人がいる，という言葉があり，試してみようと思え

たのだった。

3 授業の中で起こった変化

　はじめは，自分の仲のいい人と話をしていた子どもたちが，回を重ねるにつれて「発表してくれたけれどわからなかったから詳しく聞きたくて！」と，聞きに行く姿や「図をかいて見たらわかりやすかったんだけど，この図で意味わかる？」と，先生にかかせられる図から友だちへの説明のために図へと変化していくのが感じられた。塾に行っているからといって，説明が完璧にできるわけではない。困っているからといって，何も分かっていないわけではない。いろんな状態の子どもたちが対話を通してよい方法を練り合い，正答にたどり着いていく授業が展開されるようになった。対話が上手になると，自分が「分からない」ことを楽しむ様子も見られるようになり，自分たちから「先生，フリータイム5分ちょうだい！　話したい！」と，自分たちから対話の時間を申し出るようになった。

4 対話活動を見直すときに

　子どもたちが対話を楽しそうにしていない，対話活動がうまく機能していない，と思い悩むならば，まずは子どもが対話活動で困っていることや嫌だと思っていることを知ることが自分の対話活動のあり方を見直すヒントになるかもしれない。対話の中で子どもたち同士の素直な学びの姿が見られたなら，子どもも授業に主体的に臨めるようになるだろう。

どうノートに書かせていますか？

いつ，何を書かせるのか？

opinion

田中英海

1 ノート指導の型

算数のノート指導として，見開き2pで時系列に記述させる型がある。問題，問いやめあて，自分の考え，友だちの考え，まとめ，振り返りを書かせる。

＜問題＞ ＜問い・めあて＞ ＜自分の考え＞	＜友達の考え＞ ＜まとめ・学習感想＞

めあてを1番上にしたり，左端に縦線を引いて見出しを書いたり多様な型があるだろう。今一度，形式や型を提示する目的や意味を考えたい。教師の一斉指導のしやすさや学年・学校で統一できるよさがある。型や形式のよさは，何より子どもが見通しをもちやすく，自分から動けるようになる。一方，形式的な指導や型を嫌う教員もいる。自由に書かせることでその子らしいノートが生まれる。教師の指導を越える子どももいる。子どもの実態，指導時期から柔軟な指導を考えていきたい。

2 いつ，何を書かせたいのか？

中身の話題に移る。特に話し合いの時間では，何を，どのタイミングで書いてほしいと考えているだろうか。板書をそのまま写しているノートは見栄えはよいが，その子の学びが見えにくい。時に大事なポイントを敢えて板書しないという手立てを取り，ノートに子ども自ら書いているかを見取るといい。

話し合いの中で，友だちの考えや表現から，各々の自分の考えをノートに表現できるように育てたい。そのために，選択，解釈，変容のタイミングで一度立ち止まり，自己決定や簡単な表現を促したい。

選択する場面（A or B）があると，自己の思考を振り返り，決める必要が出てくる。分かった，分かっていないという判断ができることも選択である。発表する子が「ここまで伝わっている？」と聞き手に問い返す文化を作り，一度止まってノートに書かせてみるとよい。

解釈する場面（B → B'）。Bという説明を聞いた時，発表者の考え，発想がそのまま伝わることはない。受け手によって解釈が違ってB'になっているが，わかったつもりになっている。改めて表出した時に，個々の違いが分かる。ある子が黒板に図を書き始めたとする。ポイントとなる部分を書く前に一端止めて，「その先を予想して書いてごらん」や「○○ちゃんを追い抜いて図を完成させてごらん」と解釈したことを各々表現させる。

変容する場面（B' → B or C）とは，解釈した自己表現と友達の考え・表現の違いや価値を意識させたい。他者の考えのよさや自分の表現の価値に気付ける。「○○の考えどんなところがよかった？」と価値を問うこと，「よかったと思ったことを吹き出しで書き加えてごらん」と表現させる。3つのタイミングの表現を促すことで，話し合いの中でも書く力を高めたい。

低学年と高学年の指導のちがい

opinion

森本隆史

◇形式が必要なのではない

「1年生にはこのくらい書けてほしいね」

「6年生はやっぱり，批判的に書けないとね」などと，子どもたちに期待する姿を校内で話し合うことは大切だと思っている。そのような子どもたちを育てるために，

　1．日付を書く　　2．線を引く

　3．めあてを書く　4．めあてを赤で囲む

といった具合に「子どもたちが『書く』ための10のスキル」と，各学年で決めている学校を見たことがある。このように10このスキルを書いているのだが，果たしてそれで本当に『書く』子どもが育つのだろうか。

　きっとそれでは育たないというのがわたしが思っていることである。そんなことが大切なのではなく，日々の授業の中で，教師がどんな言葉を言うのか，ということを考えることの方が大事である。

◇低学年と高学年の目標

　算数の場合，低学年と高学年の子どもたちのノートに求めることは変わってくる。低学年には，まず，文だけではなく，絵や図，式が書けるようになってほしい。それができるようになったら「この文のここは，この図の○とつながっている」「式のこの数は図のこの部分のことだ」というように，つながりを，自分で表せるようになってほしい。

　3年生が終わるころには自分で書けるようになってほしいが，そのためには形式を作る

のではなく，日々，次のような言葉かけを意識していく。

① 承認する言葉かけ ② 期待する言葉かけ ③ 価値づける言葉かけ

　マスから字がはみ出してはいけない。赤で囲まないといけないなど，「～しないといけない」ということが多くなると，子どもたちは書けなくなってくる。そうではなく，「① 少しくらいはみ出ても大丈夫」「① 関係のある絵をかいてもいいよ」という承認する言葉かけをするとよい。続いて「② 式はあるけど，図もかけるといいなあ」「② 式の数が図のどことつながっているか書けるとわかりやすいな」と，期待する言葉かけ。最後に「③ 図があるとわかりやすいね」「③ つながりがわかるね」と，価値づける言葉かけをしていくのである。形式を作るのではなく，このような言葉かけを自分の中で増やしていくとよい。

　高学年の場合は，まずは自分なりの表現ができることが大事。次に，友だちの見方・考え方を吸収すること。そして，授業の内容を自分で「発展させる」こと。この3つのことを意識していくとよい。

　低学年の場合，言葉かけを変えていくことで子どもは育っていが，高学年の場合は，「具体的な例を見せる」「授業を途中でとめ『続き』を考えさせること」などが有効である。

授業後，集めたノートの何を見ていますか？

ノートの振り返りを見て授業を見直すために

Q opinion

熊本県合志市立南ヶ丘小学校　大林将呉

1 ノートの振り返りを見る

　自らの算数の授業を見直そうとするとき，欠かすことができないのは，その授業に参加した子どもがどのような学びをしたのかを把握することである。その方法の1つとしてノートの記述を見ることが挙げられる。私は特に，1時間の学習の振り返り部分を見ることで授業改善や次の時間の学習に生かすことにつなげている。ただし，ただ振り返りを書かせても表面的な学習感想のみになってしまうことが多いので，以下のような振り返りの視点を与えて記述させている。

① 本時の活動や問題場面
② はじめの自分の考え
③ 他者の意見で納得したことや，影響を受けた他者の考え
④ 次時以降に考えたいことや新たな問い

　ちなみに，これらの視点はあくまでも目安であり，全ての視点を網羅して振り返りを書くように指導しているわけではない。

2 実例（仕事算の問題）

　以下に示すのはいわゆる「仕事算」の問題を考えた後の振り返りの記述である。

> ふり返り
> 今日は，AとBの機械を使うと直路のほそうが何日でできるのか考えました。私はC8さんと同じで全体量を1としてABそれぞれ1日の仕事量を求め何日でできるのか考えました。C2さんや，C3さんのは　全体の仕事量を30にしていて15日と10日で割りきることができるので，計算が楽でいいなと思いました。　①②③
> 次は，3つの機械を使うとどうなるのか考えてみたいです　④

　全体量を1にして考えたという記述や，全体量を30にするよさに関する記述など，見方・考え方が表出している部分には，教師が書き込みをして強調し，自覚化を促すようにしている。また，そのような記述が振り返りで表れるようにするために，板書にはその考えを出した子どもの名前を残しておき，問題解決の文脈と紐付けて振り返ることができるようにしている。

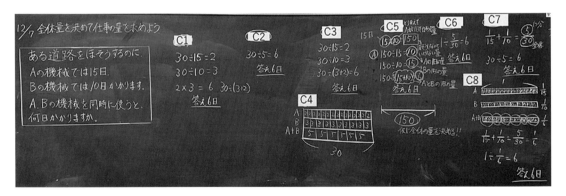

ノートを見取ることから始まる算数授業

opinion

広島大学附属東雲小学校　小林秀訓

1 今までの自分

　算数の授業後，毎回30人以上のノートを集めて，子どもたちの書き始めからふりかえりまで一通り見て，コメントを書いていた。スキマ時間に，それらのノートを流れ作業的に見て，表面的なコメントになっていた。

2 発想の転換

　6年担任になったとき，行事等で忙しくなり，今までのノートの見方が難しくなり，毎時間後にクラスの半分を集めるようにした。そうすることで，幾分，余裕をもって，ノートを見ることができるようになった。今は，クラスの$\frac{1}{3}$の10人ほどのノートを見るようにしている。3日分のノートを見るので，即時的な評価はできないことがデメリットであるが，個々の考えから様々なことを気づくようになったことが一番のメリットである。そして，気づいたことを空いた時間に，その子どもに問い返すようにしている。

①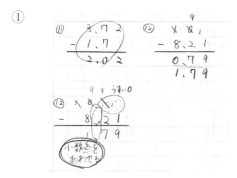

「間違い直しのあと，どうしてもう一回ひっ算したの」「だって，計算まちがいしたことがくやしかったし，2つもまちがえていたから。」

②

「どうして，この線かいたの。」「だって，ここまでは，おなじでチャラでしょ。だから，これから先がこたえの2になるの。」

③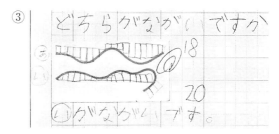

「どうして，これかいたの。」「だって，もし，これがうごかせたら，まっすぐにのばすけど。このままでくらべるんなら，こうしないとくらべられないでしょ。」

　ノートから，子どもの思考の流れや考えの背景を見取ることができる。また，気付いたことを子どもに問い返すことで新たな発見があり，子ども理解や授業改善に繋がっていく。子どもたちの小さな変化を見取り，価値づけることができる教師でありたい。そして，そのことが子どもの成長に繋がったら最高である。これからも，成長の種を探すために毎日ノートを見ていこうと思っている。

子どもが数人しか手を挙げてないときどうしますか？

困っている内容を捉えようとする

opinion

盛山隆雄

1 原因を探る

子どもが数人しか手を挙げていなかったら，わかっていないとか，自信がないといった状態であると予想できる。そのときについやってしまうのが，ペアでの話し合いである。

「隣の人と話し合ってみましょう」

一見賑やかになるように見えるが，耳を傾けてみると，中身のない話し合いになっていることが多い。それは，お互い何を考えていいのか，どう考えるのかがわかっていないからである。

そこで，筆者がよく使う手は，子どもに尋ねるという手法である。これは，本校算数部の先輩が使っていた発問でもあり，それを真似て実践させていただいている。

「みんな何に困っているの？」

というシンプルな問いかけは，意外と子どもからのリアクションがある。それは，子どもによって違いあるのも事実で，次のような内容に分類される。

・問題の意味がわからない。
・解決の仕方がわからない。見通しが立たない。
・途中まではできたが，その先のやり方が見えてこない。
・友だちの考えが理解できない。
・どうして自分の方法や答えが間違っているのかわからない。

子どもの困っている内容がわかれば，手の打ちようがある。まずは，子どもの本音を聞いてみよう。

2 子どもから表現を引き出す

数人しか手が挙げていない状態を見て，どのような問いかけをすると，子どもにしゃべらせることができるのか，動かすことができるのかを考える。

例えば，1つの方法としてありのままの今の状態を語って，反応させる方法がある。

「今の自分のわかり具合を指で表してみようか。よくわかっている状態を5，まあまあは4，普通は3，あまりわかっていないは2，ぜんぜんわからないは1で表してね。せーの！」

このとき，1を挙げた子どもには，

「正直に表してくれてありがとう。特にどのあたりがわからない？」

と話しかけ，3の子どもには，

「どのあたりがもっとわかりたい？」

などと尋ねることができる。何らかの表現がでれば，その表現に対してまた問いかけることができるので，子どもと話すきっかけができる。

手を挙げていない状態を見て，手を挙げさせようとするのではなく，子どもの内面を読み取り，授業の本質的なねらいをどのように達成させようかと考えることが大切である。

子どもが考え直せる手立てをとる

opinion

中田寿幸

子どもが数人しか手を挙げていないのには理由がある。それを考え、手を挙げられるような対応を考える必要がある。

問題が難しいのであれば、問題を簡単にすれば手の挙がる人数は増える。

一人で発表する自信がないとらえたら、ペアで話合わせて、自信を持たせて発表させる。

まだ十分に考える時間がとれていない場合は、ノートに書かせる。

まずは「なぜ手を挙げないのか」を子どもに聞いてみるといい。

具体的な場面で考えていく。

4年生が$78 \div 3$を学習した時のことである。前の時間に$60 \div 3$の学習をしていたので、子どもたちは78を60と18に分けて、それぞれを計算して後で合わせて答えを出していった。

次に78を70と8に分けて考えた子を紹介すると、「その分け方ではできない」「あまりが出るから答えが出せない」と言う。「本当にできないかなあ」と揺さぶると、「あまりが出てもできるかもしれない」という意見が出された。しかし、ここで子どもたちは行き詰まった。数人しか手を挙げられない状態であった。「時間が欲しい」と子どもからリクエストがあった。

そこで、ノートに書いて考える時間をとった。考えながら近くの友だちと意見を交換している子もいた。次のような発表があった。

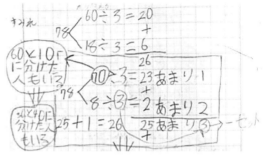

あまりを出しても、そのあまりを合わせれば、できないことはない。しかし、60と18に分けたときのことと比べると手間がかかるし、分かりにくい。

分けた70を30と40に分けたり、60と10に分けたりする子がいた。割り切れない数の中に、わり切れる数を見出してきたのである。

60と分けた10を一の位の8と合わせて18を作っている子がいた。この考え方はこのあとの筆算に生かされていった。

ノートに書くことで、すぐには見えなかった解法が少しずつ見えていき、多くの子の手が挙がるようになった。

授業前，教科書の何を見ていますか？

数値がどうなっているか

opinion
中田寿幸

「授業前」にはかなりの幅がある。授業の直前，授業の前日，単元に入る前の3つに分けて振り返ってみる。

授業の直前には数値の確認をする。私は問題提示に教科書は使っていない。しかし，教科書の数値をそのまま使うことはある。数値を変えるときには，変えた数値の確認をする。

授業の前日には，どのように授業が流れるか，板書をイメージしていく。授業の中で子どもからどのような発言を引き出したいか，その発言はどのような発問で引き出せるのかの確認である。最近の教科書では吹き出しの形で子どもの発言が出ているときがある。この言葉を引き出すことを若い先生には勧めている。

研究授業のときなどは実際に黒板に書きながら，授業の流れを確認していく。普段の授業だとノートにメモしていく。ただし，この板書計画は授業が始まったら見ない。数値のときも同様であるが，メモ等を見ているときは，授業がうまく流れていかない。教師主導になっていってしまうときである。流れが自然であれば，授業は流れ，板書は自然にできあがっていく。

授業前，主に単元に入る前の見通しを持つときにどのように教科書の何を見ているか。

自分で単元計画を作り直していて，指導内容を落とすことがあった。それを避けるためにも，教科書には一通り目を通す。私の考えている単元の進め方と同じ流れになっている

か。違うならばどう違い，修正の必要があるか。どのような練習問題やトピックなどの教材が位置づけられているかを見ることもある。

若いころは教科書をコピーして，すべての問題を解いて書き込んでいった。練習問題の筆算なども答えだけでなく，過程もすべて書いていった。筆算の過程で省略するところや，繰り上がり繰り下がりの補助数字など，子どもがつまずきそうなところが見えてくる。すべての問題を読み，解いていくと大人でも「ん？」と止まったり，「あれ？」と引っかかったりするところがある。そんなところは確実につまずく子どもが出てくるところである。そこがわかれば，そのつまずきをどのように乗り越えさせるのかを考えていった。目標や発問を書き加えることもした。これは自作の教師用指導書のようになった。時間はかかったが子ども目線のいい教材研究になった。

研究授業を自分でするときはもちろん，他の人の研究授業を参観する前にも算数教科書6社分を見比べている。単元の流れと本時の授業の数値を比べる。教科書の数値がどうしてそのようになったのか，そしてその数値が授業する子どもたちに合っているのかを考える。教科書は指導要領を具現化したものである。教科書の流れを大いに参考にしながら，目の前の子どもたちに最善の数値を見出して授業をしていく。授業前に教科書で一番見ているのは数値である。

どの子も算数の本質を見出せるかどうか考える

大野 桂

■教科書の理想はどの子も表現できるのか

　教科書には，ねらいを達成するための理想的な問題と，ねらいの達成に繋がる理想的な考え方・解決方法が書かれている。授業前に，まずは教科書をよみ，この理想を頭に入れるようにしている。

　ここで考えたいことがある。このねらいの達成につながる理想的な表現を，クラスの算数を苦手と感じている子どももできるのかということである。算数の得意な子どもが発表すればよいわけではない。私は，全員に理想的な考え方・解決方法をしてほしいのである。

　そのためには，教科書の問題を少しアレンジする必要がある。これが私にとっての授業前に教科書をみる1つの大きな意味である。

■教科書のままでは本質に気づけないかも

　5年「小数＋分数」の教科書の問題が，「$0.3 + \frac{2}{3}$ の計算をしましょう」だったとする。理想とする解決方法は，次の通りである。

$$0.3 + \frac{2}{3} = \frac{3}{10} + \frac{2}{3} = \frac{9}{30} + \frac{20}{30} = \frac{29}{30}$$

　この方法を算数が苦手な子が自力解決で自ら考えることができるかといえば，それは難しいかもしれない。

　この問題を解決するには，**「加法を行うには，1つ分の大きさ（単位）をそろえる必要がある」**という加法の原則に気づくことである。本問題は，その単位をそろえる作業が，「まずは小数を分数に**そろえる**，次に通分し分母を**そろえる**」と2段階必要であり，これ

がこの問題の難しさであり，本質である。この難しさに気づけないので，自力解決をさせても手が動かない子どもがあらわれる。

■本質に気づけるよう教科書をアレンジ

　そこで，問題の難しさ，すなわち本質に気づかせるために，次のようにアレンジした。

2つの式があります。どちらの方が簡単に計算できそうですか？

$$0.3 + \frac{2}{3} \qquad 0.3 + \frac{2}{10}$$

　多くの子どもは $0.3 + \frac{2}{10}$ を選んだ。簡単であると思う理由を全員に問うと，「0.3は $\frac{3}{10}$ で，足す数は $\frac{2}{10}$ だから，どちらも1つ分の大きさが $\frac{1}{10}$ だから……」と加法の原則を語り始めた。

　簡単さが分かれば，難しさはその逆なので，難しさを見出すのが容易になる。「じゃあ，$0.3 + \frac{2}{3}$ はなんで難しいと思っている？」と問うと，「0.3を $\frac{3}{10}$ にしても，足す数は $\frac{2}{3}$ だから，1つ分が $\frac{1}{10}$ と $\frac{1}{3}$ で大きさがちがうから……」と，多くの子どもたちが難しさを語り始めた。

　難しさが分かれば，解決策は見えたも同然である。「それなら通分すればいいよ」と語り始め，全員がその考えに納得していた。

　このように私は，ねらいを達成するための理想的な考え方・解決方法を把握し，算数が苦手な子どももそれを表現できるかどうか考え，必要ならば問題をアレンジするために，授業前に教科書をみているのである。

授業前，何を考えていますか？

子どもの思考に添ったストーリーを考える

opinion

夏坂哲志

◆子どもの素直な姿を引き出したい

校内研の授業の当日，緊張した面持ちで廊下を歩いていると，偶然出会った先生から，「子どものかわいい姿が見せられたらいいんだよ」と声をかけられた。これを聞いて気持ちが楽になったことを，25年以上経った今でも鮮明に覚えている。

子どものかわいい姿とは，言い換えれば，素直に発想し，自分らしい表現をする姿である。そんな姿を引き出したいと思いながら，今日も教室に向かう。

◆ストーリーを考える

では，その子どもらしい素直な発想を引き出し，ねらいに迫るためにはどうすればよいだろうか。子どもの顔を思い浮かべながら，そのための細かい部分を考えていく。

最初に，何を，どのように提示すればよいだろうか。

その提示に対して，子どもはどのような反応を示すだろうか。

きっとあの子は，ここで「長さを教えて欲しい」と言うに違いない。そしたら，そこでどのように返せばいいだろうか。「どこの長さが知りたいの？」と尋ねればいいか。それとも，「どうして長さが知りたいの？」と尋ねるのがいいか。

こちらが尋ねる言葉に対して，子どもは何と答えるだろうか。周りの子はそのやりとりを聞いてどんなことを思うだろうか。子ども

の発言を取り上げながら，どのタイミングで何をどこに板書しておけばよいだろうか？それを見て，気づいて欲しいことは何か。どの考えとどの考えをつなげていくだろうか。

そして，授業はどちらの方向に流れていくのだろうか。

そんなふうに，授業のストーリーをいくつか思い描いてみる。スムーズに流れそうならばいいのだが，展開に無理がある場合には，何かを加えたり省いたりする必要がある。

◆多様な発想に対応できるように準備をする

子どものちょっとした一言や，授業者が取り上げる順番によって，授業の展開は大きく変わってしまうことがある。

問題解決のために子どもが考える方法は，多岐にわたる。紙を切って考えるとわかりやすいという場合もあれば，説明のためにおはじきが欲しいという場合もある。

そういう声が子どもから出てくることが予想される場合には，あらかじめそのための道具や材料，プリントなどを用意しておきたい。

◆ゴールを見据える

授業前に，予想しうる全ての反応を考えたつもりでも，授業が始まった瞬間から想定外のことを子どもが言い始めることがある。その時は，無理に方向転換するのではなく，子どもの発想に付き合ってみるとよい。ただし，どこに向かうのか，そのゴールは見失わないように，しっかりと決めておく必要がある。

なぜこの内容を学ぶのか

opinion

田中英海

① What ＜ How ＜ Why で捉える

杉山吉茂先生の話を伺い，授業前に What, How, Why で教材研究と授業を考えるようになった。

What（何）を教えるのか，子どもが何を学ぶ時間なのか。教科書や学習指導要領解説を見る。次に How（どのように）教えるのか，どのように学ぶのか。教師用の指導書や書籍などを参考にしたり，自分で工夫したりする。Why（なぜ）この内容を教えるのか，なぜこの内容を学ぶのか。と問われると本当に難しい。指導要領解説にも指導書にもあまり書かれておらず，自分で考える必要が出てくる。とはいえ，日本のカリキュラムは系統的に整理されている。点，線，面，空間で捉えるように，教材や授業の位置づけを本時から単元，学年間を越えて系統的に，多面的に捉えることで Why が少しずつ見えてくる。

どれも答えは1つではない。子どもが何を学んできたか，何を基に解決していくのか。これまでの指導と子どもの実態によって変わる。今，目の前の子どもたちが学ぶ時に学ぶ価値が分かるような授業をしたいと思う。

② 立体図形の導入を例に

4年「直方体」，5年「角柱」の導入で，箱あてゲームを扱う教科書がある。4年は，どの立体を隠しているか，3つまで質問をして代表者に「ある」か「なし」で答えてもらう。続く5年は，代表者が立体を見ずに手探りでヒントを3ついう（図は5年）。

ヒントを出す側が，集団から代表者に入れ替わっただけに思える。子どもの立場から教材を捉えてみる。4年は，閉じた質問（Yes, No）で「長方形の面はありますか？」「同じ辺の長さはありますか？」などを質問する。何を問えばよいか，どの構成要素に着目すればいのかを考えている。5年は見ずに触りながらヒントを出すため平面や曲面など形状を捉えたり，頂点や辺の数を意図的に数えたりしていく。より具体的に「頂点が6つあります」など1回で当てられるヒントも出せる。教師は「質問した人は何を見ようとしたのかな？」や「少ない回数で当てるためには何を質問すればよいのかな？」を考えさせたりすることで構成要素や図形を決める性質を絞っていく仲間づくりになる。

4年は面や辺や頂点に加え，平行・垂直など着目の仕方で立体のみえ方が変わることや，立体と平面をより行き来して図形を捉えられるようにしたい。5年直方体の体積の求積も面積の求積とつなげる。6年柱体の体積を見据えると，角柱と円柱を統合して柱体として捉えさせたい。底面に着目して立体を見せるために比較対象として錐体を入れる。なぜこの内容を学ぶのか。このように授業前に関連事項を子どもの視点から見直してみたい。

授業前，発問をどのように決めていますか？

主発問と問い返し発問を分けて捉える

opinion

盛山隆雄

1 子どもの考えやすさとねらい

主発問は，ねらいを達成するための発問であることが最も大切である。次のような1年生の文章題を例に述べる。

> あかいおりがみが7まいあります。
> きいろいおりがみは，あかいおりがみより
> 5まいおおいです。
> きいろいおりがみはなんまいでしょう。

1年生の学年末に登場する「求大」の問題である。この問題の場合，図をかくように指示しても，下図のようになり，黄色い折り紙の枚数を5枚にかく間違いが現れる。

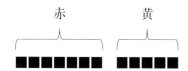

つまり，7＋5＝12と一見正しい式を書いたとしても，7枚の赤い折り紙と5枚の黄色い折り紙を足すと誤解している場合があるということである。

そこで，つぎのような主発問を考えてみた。

> 赤い折り紙と黄色い折り紙はどちらが多いですか。

この場合，赤い折り紙の方が多いという子どもがいたら，きっと反論する子どもが現れるだろう。その際は，図をかいて説明するに違いない。それによって，赤い折り紙と黄色い折り紙の数量関係が理解できるのである。

子どもが考えやすく表現しやすい発問であり，かつねらいを達成できる発問を主発問に据えたいと考える。

2 思考と表現を共有し，活発にする問い返し発問

授業を展開する上で大切なのは，クラス全体を巻き込んで理解を共有することと，子どもが停滞することなく思考と表現を活性化させながら展開することと考えている。

そのためには，子どもの表現に対する問い返しが大切である。問い返し発問について，筆者は次のように定義している。

> 子どもの呟き，発言，動作，記述などの様々な表現に対して，その意味や根拠，よさを問う発問である。

具体的には，次のような発問のことである。

① 意味を問う（他の数学的表現⇒理解）
「それは，どういうことかな？」

② 理由・根拠を問うⅠ（論理的説明⇒理解）
「どうしてそうなるのかな。」

③ 理由・根拠を問うⅡ（解釈⇒見方，考え方）
「○○さんはどうしてそう考えたと思う？」

④ 続きを問う（解釈⇒数学的な表現，理解）
「この続きをどう説明すると思う？」

他にもあるが，ぜひ意識して問い返し，子どもの思考や表現を引き出し，活発にしたいものである。

子どもが難しいと感じることに寄り添う発問

山口県山口市立大内南小学校　岡本貴裕

1 子どもが難しいと感じることは何か

教材研究をする際に，教科書を眺めると「ここは困るだろうな」「ここは難しいだろうな」と子どもが困りそうなことや子どもにとって難しいことが見えてくる。この場面で子どもにどのように発問するかを考える。これまでの私は困っている子どもに寄り添うことが大切であることは分かっていたものの，具体的な手立てがなかった。そのため，困っている場面のまま膠着状態となることが多く，結局，混乱と教師の教え込みに終始していた。そこで，次の発問を基に授業を展開すると子どもたちが自分たちの力でこの状況を乗り越えるように変わってきた。

○どうして難しいと感じるのかな？
○どうして困るのかな？

子どもが困ることを前向きに捉え，なぜ難しいのか，困るのかを分析するのである。ポイントは困っている子どもに問うのではなく，全体に問うことである。そうすることで，全員で難しさを乗り越える授業展開につながる。

2 発問の効果

この発問の効果は次の二つである。

○問題点を焦点化できる
○問題解決の糸口を見出すことができる

子どもが困るのには必ず原因がある。その原因を分析すると問題点が見えてくる。そして，同時に次への解決の糸口が見えてくる。

3 発問の効果的な場面

効果的な場面を二つ挙げる。

○見方・考え方を引き出す場面（単元導入）
○見方・考え方の活用を促す場面（活用場面）

○見方・考え方を引き出す場面（単元導入）

5年「割合」で，シュートの成績を比べた。

	シュートした数 （回）	入った回数 （回）
A	10	6
B	10	5
C	8	5

AとCで比べる際にやはり困っている子どもがいる。そこで「どうして難しいと感じるのかな？」と全体に投げかけると「シュートした回数が違うから比べにくい」「基準が揃っていないし」と難しいと感じる理由が表出された。「だったら，シュートした回数（基準）を揃えればいい」という単元で大切な見方を引き出すことができた。

○見方・考え方の活用を促す場面（活用場面）

5年「図形の角」で，多角形の内角の和を調べる際，三角形の内角の和が180°であることを活用してほしい。しかし，五角形を提示し内角の和を求めるように促すと，手が止まっている子どもがいる。そこで「どうして困るんだろうね？」と全体に投げかけると，「五角形は習っていないから」「三角形と四角形だったら分かるのに」と難しいと感じる理由が表出された。「だったら，三角形とか四角形に分けたらいい」と既習の考えを活用するきっかけとなった。

板書で何を意識していますか？

子どもが板書を元に振り返り，説明できるようにする

opinion

中田寿幸

板書で意識していることは2つ。1つ目は見返した時に，子どもが自分の力で振り返ることができるようになっていること。2つ目は子どもが板書を使いながら説明できるようにすること。

板書の授業は4年のわり算3位数÷1位数の導入である。位ごとに分けて計算して，あとで合わせる方法を式や図，筆算で子どもが説明していったときのものである。

右はそのときの一人の子のノートである。板書と同じように書きながら，最後に板書にはないまとめを子どもの言葉で書いている。このときは，筆算の方法が出たところで，ノートにまとめる時間をとり，振り返っている。振り返りののち，板書の右端にある色紙が400枚あるときのことを考えていった。授業のまとめはこの日は黒板には書かずに，子どもにノートに書かせている。

この日の授業は中盤から子どもが板書をしながら，396÷3の計算の方法を考えていった。子どもは369を300と96に分けたり，300と90

と6に分けたりしながら，出てきた答えを合わせればよいことを式を書きながら説明していった。

板書には子どものかくスペースを残しておくようにし，書く位置も初めのころは私から指定している。説明しながら書くときには，手を伸ばして頭の上から書くようにしている。そうすると，書いている数字や文字，図ができあがっていく過程を見ながら説明を聞くことができ，聞いている子の理解が深まっていくのである。

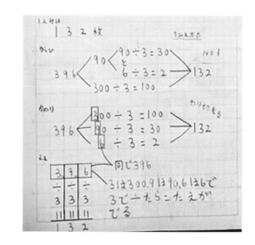

考え方や学び方を共有し，価値付ける

opinion

広島県三次市立十日市小学校　瀬尾駿介

1 板書に学びの文脈を

　一人一台端末が導入され，算数授業での子どもたちの学び方は大きく変わった。それまで，黒板は全員で視覚的に情報を共有できる貴重なツールだった。しかし，今ではタブレットを用いることで，より簡単に情報を共有できるようになっている。

　では，それでも板書で共有したいものとは何だろうか。私はその中の一つが，「学びの文脈」であると考える。子どもたちがどんな課題意識をもち，その課題の解決のためにどう考えようとしたのか，その一連の思考の流れや子どもの言葉を板書に残す。そうすることで，子どもたちは板書を見ながら学びを振り返り，その中で大切な考え方や学び方は何だったのか，評価することができる。そしてそれは，今日の学びを次に生かし，学習者として成長していくことにつながると考える。

　下の板書は，6年生「分数のわり算」で，分数÷分数の計算の仕方を考えた時のものだ。

子どもたちは授業の中で，

① 課題を焦点化し，「わる数が整数なら計算できる」ことを確認した。

② 問題解決のために使えそうなアイテム（既習の知識や考え方）を探した。

③ 「わり算のきまり」について理解が不十分な子どもが多かったため，5年生の問題を基にそのきまりを復習し，今回の問題解決に使えそうかどうかを判断した。

という流れで学習を進めた。板書の中では左から右へ，①→②→③の流れになっている。

　授業の最後には，板書を見ながら自分たちの学びを振り返った。子どもたちは，分からない時に問題を焦点化して考えることや，これまでの学びを生かすことで問題解決できること等を振り返り，価値を感じていた。

　一人一台端末で学びの選択肢が増えても，算数授業で大切にしたい見方・考え方は変わらない。それを子ども自身が意識し，価値付ける手助けとなる板書を目指したい。

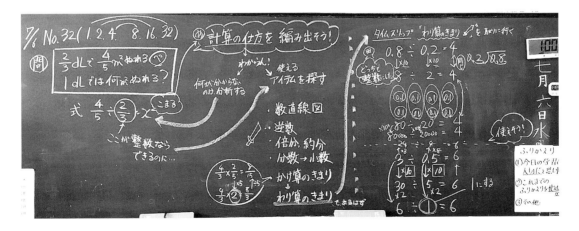

習熟で何を意識していますか？

ただの計算練習にしない

opinion

森本隆史

　子どもたちに内容の習熟をさせるためにどんなことをしているか振り返ってみると，「教科書の○ページの問題をしましょう」と，ここ最近ほとんど言ったことがない。

　若い頃は授業の最後に練習問題として，何問か解かせていたように思う。今考えると，当時のわたしは「計算ができることが大事」というように技能面に重きを置いていた。

　しかし，問題を出している教師側も，練習問題をしている子どもも，どちらも楽しくなかった気がしている。

◇ただ計算をするのではなく

　例えば，3年「2けた×1けたのかけ算」の習熟として下のように子どもたちに伝える。

> 2，4，6のカードが1枚ずつあります。
>
> 　　　□□　　　このカードをどんなふうに
> ×　　□　　　　置いたら，答えがいちばん大
> ──────　　きくなるでしょう。

　このように子どもたちに問えば，ただ単に計算をしているということではなく，「どうすれば答えがいちばん大きくなるんだろう」と，目的をもって計算をすることになる。

　3枚のカードを使ってできる式は，全部で6通りある。

・24×6　　・26×4　　・42×6
・46×2　　・62×4　　・64×2

「どの式がいちばん答えが大きくなるのかな」
「どうすれば，答えが大きくなるかな」

など，子どもたちは思考を働かせながら，6問解くことになる。この場合，答えがいちばん大きくなるのは，42×6である。

　教科書の問題を子どもたちに与えた場合，問題を速く解き終わった子どもが必ず，
「先生終わりました。何をすればいいですか」
と，尋ねてくる。このとき苦し紛れに，
「じゃあ，まだやっている人に教えてあげて」
と言う。わたしは好きではない。それよりは，
「じゃあ，2，4，6じゃない場合で考えてごらん」
と言った方がいい。
「じゃあ，1，3，5で考えてみる」
と，自分で数を決めることができれば，これはこれで価値づける。大事なことである。

　この場合も6問，問題を作ることはできる。
・13×5　　・15×3　　・31×5
・35×1　　・51×3　　・53×1

　この問題すべてをする子どももいれば，
「多分31×5の答えがいちばん大きくなる」
と言う子どももいる。

　これは，ただ単に計算練習をして習熟を図っているのとは違い，数学的な見方・考え方を働かせていると言える。

　このように，同じ時間を使うのであれば，計算もするが，発展的に考えることをしたり，帰納的に考えることをしたりすることができるようにしたい。

みんなで習熟

opinion

明星小学校　河合智史

1 授業の中における習熟

習熟ときくと，反復的なドリル学習によって学習内容を定着させるというように捉えている人も多いのではないだろうか。反復的なドリル学習ではただ「やらされている」という感覚が強く，苦手な子にとってみれば，ますます算数が嫌いになってしまい，得意な子にとってみれば，やることに価値を見いだせないといった状況を生み出しかねない。そこで，授業の中での「習熟」はそこに友達との関わりの中で問題を解くといった楽しさや新たな発見によって理解が深まる楽しさが必要だと考える。

2 実践　4年生「小数の計算」

小数＋小数，小数−小数の習熟場面で，ゲーム的な要素と発展的な視点を取り入れた授業を試みた。□.□□＋□.□の中に1〜9の伏せてあるカードを順にとっていき，それぞれつくった和が大きい方の勝ちというルールでゲームを行った。初めはルールの理解も含め，教師 対 代表児童で勝負を行った。教師がカードを置くときには，わざと小数第一位に大きなカードを置くことで，参加していない子たちも「えー??」と反応して盛り上がる。カードを置き終わってそれぞれの和を求めた後に「先生と○○さんの差を求めてみよう！」と言い始めた。計算することの必要性を子どもたちから引き出せたのである。教師があえて負けるように仕向けたことがしかけ

となり，どれだけ差が開いたのか知りたくなったのである。その後は子どもたち同士で対戦することで小数＋小数，小数−小数の計算が楽しく行われ，相手が計算の仕方に困っていたら，計算方法について確認し合う場面が見られた。その中で子どもたちの問いは「最強（最弱）のカードの置き方は？」と変わっていった。5〜9をどのように配置すれば最も大きな和になるのか知りたくなったのである。ここでもカードの組み合わせを考えながら，小数のたし算が自然と行われていった。さらには，この場面を「□.□□−□.□の引き算にしてもおもしろそう」という反応が起こり始める。ゲームをある程度進めていくと，子どもたちはもっと楽しくできないか動き始めていくのである。

3 まとめ

今まで習熟というと苦手な子に焦点が当たりがちだが，得意な子にとっても考えることに意味のある場面にしていくことが必要である。□の中に数を当てはめて，ゲーム的に計算することは様々な場面で扱える。また，その際に教師はどんな方向に子どもたちが発展したくなるかといった発展の方向をつかんでおくことが必要である。

授業の何を振りかえっていますか？

振り返るべきことに応じて行うべきこと

opinion

青山尚司

1 授業のねらいが達成されていたか

授業のねらいは，子ども自身の問いと一致していることが望ましい。その妥当性をみとるために授業後の板書に着目している。板書をする際に子どもの名前をその子の発言内容とあわせて残すようにしているのは，問いが引き出されたり，問題が解決されたりした重要な場面で，どのような発言のつながりがあったのかをふり返るためである。そして，板書の写真を撮ることによって，その授業で引き出すべき反応が表れたかという観点で自身の授業を評価し，その後の教材研究に役立てることを意識している。

2 個に応じた指導がなされていたか

実際に自分がどのように個に応じているのか，集団思考をどのように高めようとしているのかを理解し，それが有効かを検証するには，映像を見て客観的にふり返る必要がある。うまくいかなかった授業での自分の姿を見るのはなかなかに辛い作業である。しかし，だからこそ改善すべきことを具体的に見いだすことができる。その際には，全編をだらだらみるのではなく，場面を決めて改善点を見いだすことが大切である。自分の場合，今は特に比較検討場面からまとめまでを重点的に見直すように心がけている。

3 指導に普遍性や妥当性があったか

真剣に指導計画を立てていると，自分の授業への思い入れが強くなり，無意識のうちに視野が狭くなりがちである。だからこそ，指導に普遍性や妥当性があるかを知るために，授業を見てもらう意識をもち続けたい。そう考えると，自分が気付かなかったことを，多くの人に指摘してもらえる研究授業を行うことは，授業改善への近道であるといえる。「授業者が一番得をする」とよくいわれるのはそのためである。

逆に，研究授業を参観させていただく場合も，単に批判をするのではなく，授業者の主張を理解したうえで，妥当性や普遍性を意識して代案を示すように心がけている。「自分だったらこうする」という意識で他者の授業をふり返ることで，自身の授業力向上につなげることが大切である。

4 必要感のある学びであったか

もうひとつ大切にしたいことは，授業後のノートに目を通すことである。自力解決時の試行錯誤や，学習感想をよむと，その授業の課題が，その子にとって必要感があるものであったのかがよくわかる。また，子どものノートをよく見ると，授業から発展的に考えたことが記されていることがよくある。そこに，次時の活動へのヒントや，今後の指導への示唆が表れているのである。

我々が授業をふり返る際の，最大の評価者は，目の前の子どもたちであることを忘れないようにしたい。

子どもの声を生かすことができていたか

opinion

夏坂哲志

◆聞き逃した言葉はなかったか

5年生で，下の図を示し，次のように尋ねた。

「五角形の頂点の1つを，下にずーっと下ろします。形は変わります。内角の和は変わるでしょうか？」

子どもたちは，「一瞬だけ，内角が変わるところがある」と言った。頂点Aとその両脇の3つの頂点が一直線上に並び，四角形になる時である。四角形になるまでの間は，内角の和は540度。四角形になった瞬間だけ頂点Aの部分の内角がなくなり，360度になる。そこから頂点Aが下に移動すると，内角の和は再び540度に戻るというわけである。

これに対し，「540度に戻ったのではなくて，初めからずっと540度のままで変わっていない」と言う子が出てきた。

3つの頂点が一直線に並んだ時の角Aの大きさが180度だと考えれば，内角の和は四角形の360度に180度を加えた540度になるというのである。

この時に，「そうやって考えると楽かもしれないね」とつぶやいた女の子がいたことを，参観していた先生から授業後に聞いた。この小さな声を取り上げていれば，その後の展開は変わったかもしれない。

録画や録音をしていれば，そういう視点で振り返ることができる。

◆子どもの発想に乗っかればよかったのではないか

6年生に，「4つの点を通る円をかくことはできるだろうか？」と尋ねた。言い換えると，「4つの点を通る円の中心の位置を決めることはできるか？それは，どうやって決めればよいか？」ということである。

子どもたちは，「4つの点の並び方による」と考えた。

ある子は，右図のように点を正方形の形に並べ，「対角線の交点にコンパスの針を刺せば，4つの点を通るように円がかける」と言った。

この発言を受けて，私は，その通りにやれば円がかけることを確かめ，次に，「点が4つで円がかけない場合」もあることを確かめた後，「点が3つの場合」に進めてしまった。

この場面を，授業後に振り返ってみた。

ここで，「なるほど，点が4つの時には，（四角形の）対角線の交点を中心にすれば，円がかけるんだね」と言い返せばよかったのではないかと思う。そうすれば，「いや，そうじゃないよ。正方形の場合だよ」と子どもは言うかもしれない。さらに，「長方形の場合も，同じようにできるよ」ということに気づく子もいたかもしれない。その方が，四角形の対角線に着目する展開になったはずである。

本質は，子どもの発想の中にありそうだ。

座談会

算数授業の何を見直すか
若手教員の悩み theme

speaker

加藤佑理 (採用3年目・神奈川)

山田明依 (採用3年目・東 京)

矢島昌栄 (採用6年目・神奈川)

金子真代 (採用7年目・広 島)

森本隆史 (司会，文責)

森本：早速ですが，算数の授業で何か困っていることはありますか？

矢島：算数の授業の中で，「説明する力」を伸ばしましょうと，言われてきたのですが，「まず，次に，だから」ということぐらいしか，わたしの中には「道具」のようなものがなくて少し困っています。「まず，次に，だから」というのは，初任のときに教えてもらいました。当時は，その都度，子どもたちに「使ってごらん」と言っていました。

──子どもの説明を見直す

森本：子どもたちが説明することについては，みなさんいかがでしょうか？

加藤：説明って，文だけではなくて，図，グラフ，絵とかも使っていいんだよって，子どもたちに言うことで，国語の力が弱い子どもたちでも，図を使って，図を指さしながらだったら話すことはできるということはあったかなと思います。

金子：前に出て説明する子どもは限られるので，そういう子どもばかり評価しないように，「となり同士で話してごらん」とか，「グループで話してごらん」と言うことがあったり，友だちが言ったことを代わりに言わせたりす

ることはしていますね。

山田：わたしは1年生の担任だったのですが，黒板の前に出る子どもは限られていた気がします。みんなが他人事にならないように，「おとなりさんに説明してごらん」は，わたしも使っていました。

　あと，子どもから出た意見を，わたしがかみ砕きながら，子どもたちに質問するということもしていました。これは，一人一人を参加させるという目的がありました。たとえば，「これはたし算？　それともひき算？」と聞いて，全員にジェスチャーで表してもらうということもして，意思表明してもらうということは，この1年意識していました。

森本：「まず，次に，だから」のような形式を作れば，子どもたちが説明できるようになるということはないと思います。形式を作れば作るほど話しにくくなることもあります。ペアやグループで話すことは，話すということに慣れてくるので，よい練習になりますね。

山田：根本的な話になるのですが，学力差がある中で，全員が「できた」と思えるような授業をすることがなかなかできていません。どうすれば，そのような授業をすることができるようになるのかな，と思っています。

──子どもの学力差を見直す

森本：学力差がある中で，みんなが「できた」と思えるような授業って，難しいですよね。

山田：今の子どもたちって，急にやる気がなくなることもあって。

森本：やる気がなくなる瞬間って，どんな瞬

間なんでしょうか。

山田：お友達の説明が長すぎて，何を言っているのかわからないときとか。一人の子どもがずっと話していて，周りがシーンとなることがあります。そういうときは停滞している気がします。

森本：そんなときに「みなさん，どうですか？」「いいでーす」というやりとりが起こりやすそうですね。それは絶対にやりたくないですね。

　長く説明をする子どもは，自分の言っていることが伝わっていると思っていることが多いので，まずは，自分の説明がまわりの子どもたちに伝わっていないということをわからせる必要があります。わたしはそんなとき，「今の話，難しかったんじゃない？」などと聞き，「難しかった」「わからなかった」という言葉を引き出すようにします。そして，長く話した子どもに「わからなかったって。みんなに伝わるようにするにはどうしたらいいかな」と，少し考えさせるようにします。

森本：他に子どものやる気がなくなる瞬間って，どんなときでしょうね。

加藤：技能というか，折れ線グラフのかき方のように，教師がある程度説明をしないといけないときも，子どものやる気がなくなる気がします。こちらの説明が長くなるというか。

　しかも，教師が説明しているんですけど，差が生まれてしまう場合もあって，そんなとき，どうすればいいんだろう？と思います。

森本：内容によっては，教師が教えないといけないこともあります。でも，加藤先生が言

われるように，教えていても子どもの中に差が生まれてしまうことはありますね。

算数をしていると，子どもたちの中に差が生まれるタイミングはたくさんあるということですね。

加藤：教師が教えなくてもすでにできる子どもがいて，教師の説明を聞いてできる子どもがいて，説明を聞いてもできない子どももいる。同じように黒板に書いていっても，なかなかできない。そんなときも困ります。

　理解できていない子どもをどう救ったらよいのか適切な手立てがすぐにわからない。できている子どもたちに対しても，ただ，こちらが「やり方を教えるよ」というふうになっている1時間が，わたし自身も楽しい1時間になっていないんです。そこに何か工夫できたらいいなと思っています。

森本：そんなふうに思わない方もいる中，子どもたちのことを考えておられる加藤先生はすごいですね。技能的なことに限らず，考えるときだって同じことが言えますよね。教師が教えるときだけではなく，常に差ができているんですよね。理想を言えば，困っている子どもが「困っている」と，伝えてくれるのがいちばんなのですが，そんなことはなかなかできません。だから，教師が困っている子どもがいるという前提で「今のところ，ちょっと難しかったんじゃない？」と尋ねてあげることが大切です。「ここまではわかった？」と聞くと，わかっている子どもが「わかった」と言うだけで，困っている子どもたちの声は表出されません。教師の聞き方が重要に

なってきます。「わからなかった」という言葉を引き出すためには，どのように尋ねるとよいか考えていくとよいと思います。

わたしは，わかっている子どもから「教えてあげようか」と言うようにはしたくないと思っています。困っている子どもが「ねえ，教えて」と言える方が価値があります。人間だれしもそうですが，「教えて」と言われたら，その人のためにがんばろうと思えるんですよね。子どもたちのそういう思いも育てていきたいですね。

──授業展開を見直す

金子：授業の導入は楽しくできるようになってきたのですが，その後の展開がなかなかうまくいかないような気がします。楽しいのは楽しいんだけど，算数の本質をつかませたり，子どもたちの問いを引き出したりすることはできていないことに困っています。

森本：授業の導入を楽しくできるようになってきたということは，金子先生に「かくす」とか「わざとまちがった数を提示する」とか，そういう引き出しがあるのではないかと思います。はじめは盛り上がるけど，その後，混沌とするということをわたしは何度も経験しています。算数の本質とつなげようと思えば，問題はできるだけシンプルにした方がよいです。そして，はじめの発問と20分経ったときの発問を用意しておくなど，2段階で考えるとよいと思います。そのときの発問が思い浮かばないときは，本質とつながっていないのではないかということです。

えらそうなことを言っていますが，とても難しいことです。

山田：わたしは具体物を見せたり，お話風にしたりすることしか，今のところカードがないので，どうすれば楽しい導入ができるのかということも知りたいですね。

森本：『算数授業研究』を読んでくださると，そのような情報も載っていますよ（笑）。

山田：わたしは時間配分でも困っています。授業の最後に練習をさせたいのですが，させる時間がなくなってしまい，練習させることができず，結局身についていないということもあり，反省しています。

宿題にすると，してくる子どもとそうでない子どももいて，できれば1時間の中でさせたいのですが，それをマネジメントするのが難しいです。

矢島：わたしは授業の最初の2，3分で前の時間の練習をすることがあります。

山田：なるほど，今度，真似してみます。

──学びに向かう力を見直す

矢島：5年生の担任をしているのですが，ここ最近の悩みとしては，3学期になってから急に子どもたちの手が挙がらなくなってきたということがあります。授業の中にくじを引く場面を入れることもあるんですが，そんなときでも，だんだんと手が挙がらなくなってきました。こういう雰囲気を打開したいなと思っています。

森本：そういう経験はありますか？

金子：そうですね。自分の場合は，説明するときなど，子どもたちの中に「あの子に任せとけばいいんじゃない」みたいな空気になる

ことは感じたことがあります。

森本：子どもたちの手が急に挙がらなくなるには，何か理由があるんでしょうね。金子先生が言われたみたいに「だれかに任せたらいい」と子どもたちが思ったり。

矢島：確かに，元気のいい男子が手を挙げると，女子が「任せとけばいい」みたいになっている気がしますね。

　自分の考えがどの考えに当てはまるか「グー・チョキ・パーで表してみて」ということも試しています。それはできるんですけど，その後に説明する場面では手が挙がらなくなります。

森本：結局3，4人で授業が進むんですか？

矢島：そういうことがあります。ただ，手を挙げていなくてもこちらが指名したら何かしら答えてくれるんですけど。

森本：手を挙げていなくても，指名するとしゃべれる子どもって，結構いるんですよね。そういう子どもたちを参加させたいです。

　一人だけを指名すると「ドキッ」とする子どももいるので，一列全員に考えを聞くということもよくします。だれかが発表した後に，「この列の人でわかった人は手を挙げてみて」と言うんです。その一列というのは，わかっていなさそうな子どもがいる列をあえて選んだりします。そうすると，「あっ，まだわかっていない人もいるから，伝わるようにもう一回説明してくれる？」なんて言いやすいです。「あと一人で全員に伝わる。がんばって」などとちがう説明の仕方を促すことで，発表している子どもの表現力もついていきます。

その列にいる子どもで「わかった」と言った子どもを指名して「どんなことがわかったのか説明してくれる？」と言うこともできます。いろいろな子どもを指名しやすい環境を日頃から意識してつくっていくといいです。

金子：授業をしていると，わからなくて困っている子どもが出てきます。その子どもたちを大切にしていると，わかっている子どもたちが進まなくなってしまいます。どっちに重きを置けばよいのか，どこまで付き合えばよいのか迷ってしまいます。

森本：基本的には，わかっていない子どもに付き合わないといけないと思います。ただ，付き合ってばかりいると，わかっている子どもたちがおもしろくなくなってしまう。だからこそ，わかっている子どもたちをどう参加させるのかが重要になります。

　まずは，わかっていない子どもをみんなで大切にすることができるようにする。次に，その子どもたちがどんなことに困っているのか考えられる子どもを育てる。「この説明だと伝わらなかったな。だったら，違う説明で言ってみよう」と，わかっている子どもたちを，どんどん動く集団にしていきたいですね。

　4名の先生方，年度末のお忙しい時期に，ありがとうございました。自分も同じような悩みをもっていることがよくわかりました。

　この座談会での話の内容が，読者の皆様の授業を見直すきっかけとなればうれしいです。

座談会

どのようなきっかけで 算数授業を見直したか

theme

speaker

盛山隆雄（学習院初等科⇒筑波大学附属小）
大野 桂（私立高校⇒東京学芸大学附属世田谷小⇒筑波大学附属小）
田中英海（公立小⇒東京学芸大学附属小金井小⇒筑波大学附属小）［文責］
森本隆史（公立小⇒山口大学附属小⇒筑波大学附属小）［司会］

森本：算数の授業を変えるきっかけになった ことを教えてください。

田中：筑波小の授業を見て授業を変えたいと 思うようになりました。何より子どもが楽し そうだったからです。盛山先生 VS 大野先生 の５年「割合」の対決授業。盛山先生は足長 ロボットのポスター，大野先生は学芸大附属 時代にポッキー。２人とも教材が大変面白く， 後半まで子どもが追究する仕掛けがあったこ とを覚えています。その後，２年目の時に正 木孝昌先生（筑波小 OB）の下で勉強されてい る先生と出会いました。その先生の授業も子 どもが笑顔で，どうしてそんなに楽しそうに 算数しているのだろうと思い，筑波小の研究 会に通うようになりました。子どもが楽しく， 疑問を追究し続けるためにはどう授業を進め るとよいか授業のつくり方に興味が出てきま した。

森本：それまでは何に興味がありましたか？

田中：子どもが考える必然性や必要感のある 教材をつくって，問題解決の型に沿った授業 をしていました。筑波の授業は型がないです よね。問いをもって，追究していく授業を見 たことがきっかけですね。

森本：見てどう変わりました？

田中：定期的に授業を見てもらったり，研究 授業をたくさんして，意見をもらう中で少し ずつ子どもが楽しそうに学ぶようになりまし た。

森本：今までやっていたことと，何が一番変 わったんでしょう？

田中：昔は予想される反応を分かっていて， 誰を指名してどう練り上げていこうかなとい うことを考えて授業をつくっていました。今 は子どもの反応を楽しめるようになりました。

　加えて，３年生 Y ちゃんという女の子に 出会ったことです。算数に少し苦手意識をも っている子で，「疑問に思ったことを仲間に 質問できると素敵だよ」と伝えたんです。そ うしたら，分からない時に疑問を全員に投げ かけるようになりました。それが周りの子に も疑問は話していいんだと広がっていきまし た。疑問に対して，「気持ちが分かる？」と 私から聞いてましたが，徐々に子どもたちが 「その気持ち分かるよ」「俺も最初そう思っ た」とつまずきを認め合う雰囲気が生まれて きました。Y ちゃんが卒業文集に「自由だ けどとてつもなく平和な２組，３・４年生の ユニークな空間を作ってくれた田中先生」と 書いてくれていました。苦手だけれど，算数 を楽しんでいたその子との出会いと育ってい った学級の子どもたちとの出会いから，より 子どもが疑問を述べ合い，解決し合う授業を つくっていきたいと思うようになりました。

盛山：これまでの自分の成長のプロセスを考 えると，いくつか変わる出来事がありました。

　１回目は学習院時代の２年目の校内研。算 数の教科書を書いていた３人の先輩に全部聞 いて回りました。なるべく取り入れて授業を やったら上手くいかなかったんです。そした ら，アドバイスをくれた先輩方に批判されま してね。あの時自分で考えなきゃダメだって

ことが本当にわかりました。

　次は，自分の算数教育に対する考えを磨こうと，10年間，片桐重男先生のもとで数学的な考え方の研究をしました。手がつかない子に助言を与える内容を全部細かく書くといった，指導案を書く研究です。自力解決は10分から15分。座席表を持って，全員の座席を回っていました。授業研究会に出て，先輩の授業を見たり，自分も時々やらせてもらったりもしました。しかし，どの授業でも15分は自力解決の時にシーンとなる。それが当たり前でいいと思っていました。その当時に出会ったのが筑波小算数部OBの坪田耕三先生です。自由な展開で子どもがまあ楽しそうに動くんですね。最初見た時はなぜこんなふうに子どもたちがよく考えて追究していくのか，わからなかったですね。そこで坪田先生の授業ビデオを買って研究しましたし，筑波小に授業を見に行ったりもしました。そうしてだんだん分かってきたのは，問題の面白さだけでなく，授業展開の仕方の違いでした。全体に振るのが上手でした。ビデオを何度も見て気が付いたのは，とにかく言葉が違う。私は「共通することはなんでしょう？」とか「他にありませんか？」「いつでも使えるように考えてみましょうか？」と指導案の言葉を言う。それでは，子どもは反応しなかったんです。坪田先生の発問は，とにかく子どもの表現に問い返す発問が多く，とてもシンプルでした。

　他にも，例えば黒板に座席表を書いて，「自分の予想をここに書きなさい」と言ったんです。全員が黒板のところに行って書いた後に，席に着くとみんなじっと見る。書いた内容にずれがあるときは，友だちと話したくなるでしょう。子どもが言いたくなるシチュエーションを作ったり，問いを作ったりする。この頃，教材の中身というよりは，授業づくりや，指導の仕方を変えました。

　そして，しばらくすると大きな出来事がありました。筑波大学附属小学校に赴任したのです。今度は教材の中身，本質が何かがわかっていないことを痛感しました。協議会で指導法の話も出るけど，必ず一方で熱い教材の本質の話，何がねらいなのか，この教材で何をすべきなのかということが出てきます。その当時，2月の初等教育研修会で割合がテーマでした。協議会の最後で司会の田中博史先生からパネラーに一言ずつ「割合の本質は何か一言で」と言われました。その時に何も答えられなかったんですね。何も語れなくて，謝ったのです。それから，教材の本質と授業づくりをミックスさせたことを考え始めました。筑波小に来てまだ段階があるんですけれど，これくらいで。

田中：坪田先生のその具体的な発問とか，その言葉はどんな感じだったんですか？

盛山：発問の書籍にも書きましたけど，坪田先生は発問ではなかったんです（『思考と表現を深める算数の発問』東洋館出版社）。子どもが例えば「あっ！」とか言ったら「君は何であっ！と言ったの？」と問い返す。「あっ！」と言うからには，何かに気づいたり，発見したりすることがあったかもしれません。そのことを引き出して授業を展開する，ということをおっしゃっていました。

　私の場合は，子どもの思考をさえぎってしまう感じでした。「じゃあ，これよりも簡単なのはありませんか？」と発問する。子どもからすると，今初めて言われたわけで，「ちょっと待ってください。考える時間をくださ

い。」となります。教師の方は，反応が返ってこないので焦る。そんな悪循環があったと思います。

　このように発問1つで変わる授業を知ると，田中博史先生の発問，細水先生の発問，正木先生の発問が目に耳に飛び込んでくる。「気持ちわかる？」から始まり，「今からこの子が説明するよ。分からなくなった瞬間に手を上げて」といった指示まで。そういうのを全部吸収しようとする時代もありました。

森本：いいお話をありがとうございます。

大野：学芸大附属小時代には教材研究をがっちりやって，その通りに子どもが反応するかを検証することが研究授業の目的でした。いい発言が出れば，どんどん取り上げて，褒め，そうすることで，理想とする問題解決の流れを作ることができました。といっても，褒めて勧める授業ができるようになるまで5年かかりました。昔はなかなか褒められなかったです。子どもの発言の価値が解釈できないことが多く，価値づけることができなかったからです。でも，それができるようになってから思った通りに授業が流れるようになりました。その授業技術をもって筑波に来たのですが，筑波小の先輩方は私の褒めて勧める指導方法に対し，「あなた子どもに冷たい」と厳しく指摘されました。その理由は，あなたはその話がねらいに迫るよい発言だと思っていても，聞いている子どもがいいと思っていない。それなのに，あなたは勝手に褒めて授業を進める。あなたは分からない子に冷たい。ということでした。その指摘を受けてから私は自分を変えようと3年間悩みました。

　悩みから抜け出せたきっかけは，筑波小にきて3年目のスプリングフェスティバルでし

た。研究会の企画は，私のクラスを半分に分け，研究会の1日目にまずは分けた半数の子どもに私が研究授業をし，その後の協議会を経て，次の日，残りの半数の子どもに，他の先生が前日よりもっといい授業をするという，厳しい企画でした。授業スタイルを変えられていなかった私は，協議会で，「あなたは子どもに冷たい」とやはり厳しく指摘を受けました。そして，協議会の最後に「これだけ協議会で指摘されたんだから，明日もやっぱり大野先生が授業をやったらいい。今日よりよい授業ができるだろ」と，厳しくも優しい提案をしてくださいました。

　そして2日目。私は自分のこれまでの褒めて勧めるスタイルを捨て，子どもの話を徹底的に聞きだし，その話を私が褒めるのではなく，聞いている周りの子どもの話に価値を問い，話させるというスタイルに変えました。

　私としては，授業は流れず，また失敗したと思っていました。ところが，協議会で，「あなたの授業はよくなった」と，はじめて先輩方から褒めていただきました。一日で授業が変わったのです。これが私が変わるきっかけでした。それからも，とにかく子どもの話を聞こうと思って授業をし続けました。でも，聞けば聞くほど授業はまとまらずぐちゃぐちゃになりました。また暗中模索の状態になりました。でも，ぐちゃぐちゃになる理由がだんだん分かってきました。それは，子ども達は自分の考えをねらいとは関係なく勝手に喋ってるということでした。そのとき，どの子どもも同じ土俵で平等に話せる，すなわち思考のスタートラインを揃え，そこからみんなで一緒に考えていくという授業展開にしなければならないと思いました。それがビル

ドアップ型算数授業が誕生したきっかけです。このスタイルを身に付けて，また私の授業は変わったと思います。

盛山：筑波小はちゃんと指摘してくれる場所。オフィシャルな場で言われるから辛いけれど。

大野：そう考えると，自分を変えるには今まで自分が正しいと思ってきたことを一旦捨ててみることが大事だと，私は思います。

盛山：いったん自分を削るので，しんどいけれど，変わった後は違う，新しい世界が見えてくる。

森本：私が山口県の公立小で勤務している時に，田中博史先生が山口県に来てくれて，初めて授業を見たんですよ。5分10分話しているうちに，緊張した子どもが，だんだん笑顔になって話し始める。あ，こうやって子どもって笑顔になるんだ，こうやって喋るようになるんだって，魔法を見ているようでした。坪田先生が広島で授業されていた時も，子どもが笑うんですよね。あ，やっぱり授業の中で笑うことが大事なんだなというのが，授業を変えるひとつのきっかけになっています。

　山口大学附属山口小は子どもたちが考える文脈をすごく大事にする学校だったんです。子どもたちって教師がこういうものを見せたら何て言うんだろうかとか，教師がこう言えばなんて言うんだろうかとかいうことをいろんな教科で話をしました。先輩から「いや，子どもはそうは絶対言わないよ」って言われるんです。「きっとお前がそう言えば，子どもはこんなことを言うんじゃないか」。要は自分の言葉に対して子どもの思考がどう変わっていくのかについて3年間いろんな教科で学びました。子どもの笑顔をどう引き出すのか，子どもの文脈をどのように理解するのを考えることが，自分の授業を変えるきっかけになりました。授業としては自分が発する言葉によって，子どもたちの笑顔を引き出せていけるって思えるようになりました。

大野：授業を見てもらうってやっぱり大事ですね。見ることと，見てもらうことが一番で，目標になる授業を早くイメージすることが大切ですね。

森本：何に価値があったのか。授業が終わった時，徹底的に考える。その子どもに寄り添ったとか最後まで子どもの言うことを大事にしたとか。でもその結果，算数の本質に行ったかどうかということも大切になってきますよね。そこがなかなかうまくいかないことがあります。

盛山：筑波小に来て一番思ったのは，ここは本気で教育を考え，子どもの味方であるということ。本気で実践し，子ども目線で思ったことや考えたことは，たとえ文部科学省や偉い研究者であっても，反対することを恐れない。自分が責任をもてばいいだけだんです。その気概は，本当にかっこよく感じました。今は，自分がそんな姿になれていないことが悔しいですし，努力を続けたい思っています。

森本：筑波小の公開講座で田中博史先生が授業をしていない時に，最後にある子どもに話しかけに行っていたんですよ。どんな子どもに話しかけているのかなと思って見ていると，授業で少し大事にされてなかった感じの子に話しかけに行くんですよ。そういうところを見て，もちろん算数もなんだけど，子どもをどうやって大事にするのか，ということを深く考えさせられましたね。

算数部授業研究会報告

算数スプリングフェスティバル2023　　　　実施日：2023/3/4

量分数と割合分数の違いについて考える
―3年「分数」―

中田寿幸

1 量分数と分割分数の違いを考える授業

単元9時間目の分数のたし算の場面では，$\frac{3}{5}[L] + \frac{1}{5}[L] = \frac{4}{10}[L]$ のように，分母も分子もたしてしまうつまずきについて，量分数は1Lを元に表すことを学習してきた。

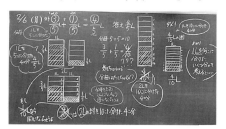

しかし，ここでの授業だけで子どもの理解が十分にされているとは考えていない。なぜなら生活の場面では量分数を使うことは少なく，子どもたちが分数を使う場面のほとんどは分割分数であり，全体が見えたときに，全体を元にして分数で表現したくなってしまうからである。そこで，3年の量分数の学習の最後に，分割分数と量分数の違いを確かめていく時間を設定した。

授業は2mのテープを黒板にはり長さを確かめることから始める。

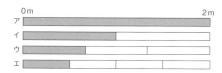

その後，イ，ウ，エのテープをはり，「$\frac{1}{2}$mの長さのテープはどれ？」と問う。

2mのテープが見えると，2mを元に半分にしているので，イのテープを$\frac{1}{2}$mと表してしまうという多くの子がつまずき易い場面提示とした。友だちのつまずきに共感しながら，つまずいている友だちのみえ方を修正してもらうにはどのように説明していったらよいのか，その方法を振り返り，話し合う過程が，わかったと思っていた子どもの理解を深めていくと考えた。

2 指導計画（12時間）

第1次　分数の表し方……………………3時間
第2次　分数のしくみ……………………5時間
第3次　分数のたし算とひき算………3時間
第4次　量分数と分割分数の違いについて
　　　　考える………………1時間（本時）

3 授業の実際

問題の提示をして，$\frac{1}{2}$mの長さのテープを聞くと，子どもたちの考えは割れた。イのみ，エのみ，イとエの3種類である。

(1) イとエの両方が$\frac{1}{2}$mと考える子

イを$\frac{1}{2}$mと考える子は多くいた。考えをノートに書いてから立たせたが，立った後にイからエに修正する子が複数いた。

イとエの両方とも$\frac{1}{2}$mと考える子は「イの長さはアの長さの$\frac{1}{2}$で，エの長さはイの長さの$\frac{1}{2}$だから，両方とも$\frac{1}{2}$mになる」と発

言した。

これに対して，反対意見が出された。「$\frac{1}{2}$って1を2つに分けた1つ分でしょ。エは1mを2つに分けた1つ分。でも，イは2mを2つに分けた1つ分だから1mになる」

これに対して，「イは1mだけど，2mの$\frac{1}{2}$だから，これも$\frac{1}{2}$mといってもいい」と譲らない。

これに反対意見が出される。「それじゃあ$\frac{1}{2}$mが2つできちゃう。$\frac{1}{2}$mがいっぱいできちゃうじゃん」

このやり取りを聞きながら，イは1mであって，$\frac{1}{2}$mになるのはおかしいと考え始める子が少しずつ増えていった。

(2) $\frac{1}{2}$に単位がつくかどうかを考える子

分割分数と量分数の違いに単位があるかないかを話題にする子が出てきた。

「$\frac{1}{2}$は何かを2個に分けた1つ分っていうことでしょ。この1が1mになると1mを2つに分けた1つ分は$\frac{1}{2}$m。1に単位がついたら，$\frac{1}{2}$mになる」

話を聞きながら右のように板書していったが，後の協議会で次のように板書するとよいとアドバイスをいただいた。

| $\frac{1}{2}$は1を2つに分けた1つ分 |
| $\frac{1}{2}$mは1mを2つに分けた1つ分 |

このように書くと単位がついたときと，つかないときの違いが一目でわかるようになる。

(3) イが$\frac{1}{2}$mではない理由

2mの$\frac{1}{2}$なのでイは1mである。1mの$\frac{1}{2}$なのでエは$\frac{1}{2}$mである。問題は「イが1mでもあって，$\frac{1}{2}$mでもあるかどうかである」となった。イが$\frac{1}{2}$mではない理由として次の考えが出された。

①もしもイが$\frac{1}{2}$mなら，エは$\frac{1}{4}$mになる。

②もしもアがなかったら，イは1mになって，$\frac{1}{2}$mにはならない。

③もしもイが$\frac{1}{2}$mなら，イもエも$\frac{1}{2}$mになるのはおかしい。

④もしもイが$\frac{1}{2}$mなら，アは$\frac{2}{2}$mで1mになってしまう。

これらの意見を聞きながら，「イは1mだけれど，$\frac{1}{2}$mでもある」と主張する子は少数派になっていった。しかし，最後まで納得できない子が3人残った。後の協議会で，「あれ以上は教えるところ」であるとアドバイスをいただいた。子ども同士の意見で納得させたいと考えていたが，それは難しかった。

(4) 実物のテープを使って考えた次の時間

前時に納得していなかった子どもも次の時間には，分割分数と量分数の違いが単位「m」がつくかつかないかの違いであることを理解できた。ここは教えたところである。

残されたウのテープの長さが問題になった。ウが3本でアになる。しかし，ウは$\frac{1}{3}$mではない。$\frac{1}{3}$mは1mのイの$\frac{1}{3}$の長さである。

イとウの長さのテープを配り，ウの長さを考えた。ウを半分に折ると，3つ分でイの長さになる。このことから，イは$\frac{2}{3}$mであることが明らかになった。

算数部授業研究会報告

算数スプリングフェスティバル2023

フラクタル構造に着目した割合の導入授業
―授業の紹介「割合」―

実施日：2023/3/4

青山尚司

1 はじめに

　二量の関係同士を比較する割合の学習は，子どもにとって意味理解が難しく，これまでに多くの先行研究でその指導の改善が求められてきた。その一例として，数量の関係を数直線図に表し，比例関係や対応関係を説明し合う活動の重要性が多くの先行研究で述べられている。授業者である筆者も，子ども自身が数直線図を用いて関係を捉えることができるように意識して研究を重ねてきた1人である。しかし，割合の意味理解に課題があることは今も指摘され続けており，数量関係を整理することだけでは乗り越えることができない難しさがあることを近年感じている。

　数量を抽出した図で関係を読み取る力は確かに大切である。しかし，具体的な事象から離れて抽象化された図にすることによって，逆に割合の学習を，実感の伴わない形式的なものにしてしまってはいないだろうか。もっと子ども自身が，割合という不変の関係を実感できる手立てはないのであろうか。本実践は，このような問題意識から生まれた。

2 題材について

　正方形の折り紙を直角二等辺三角形に折り，その一部を切り取って開いたときにどのような形ができるのかを考える題材は多くの先生

が扱っている。念頭操作と実験を行き来しながら試行錯誤し，図形の見方を豊かにしていく優れた題材である。しかし，この題材には，あまり着目されていない特徴がある。右上のように2回折って高さが半分になるところで直角の部分を切ったときにできた形の大きさは，もとの正方形の大きさを1としたとき，$\frac{3}{4}$にあた

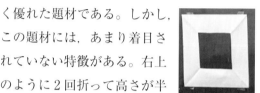

る。そして，右下のように4回折って同様に切ったときにできた形は，2回のときにできた形の$\frac{1}{4}$の大きさの相似形が4つ合わさった形となり，面積の割合は同じ$\frac{3}{4}$になる。もっといえば，折った回数が何回になっても，もとの正方形に対する$\frac{3}{4}$という面積の割合は不変である。この題材を割合の学習に活かそうと考えたのは，このフラクタル構造にある。

3 指導の概要

　折り紙を配布し，2回折ってできた直角二等辺三角形を，高さが半分となる直線で切ることを伝えた。開くとどんな形になっているのかを問うと，子どもたちは「真ん中に正方形の穴があく」と予想をした。実際に開いてみると，予想通りの形が現れた。同様に3回折って切った場合についても，念頭操作での

予想を引き出して実際に開いた。黒板に2回折ってできた形と3回折ってできた形を並べて貼ると，「大きくなっている」という反応があり，「どちらが大きいの？」と問うと，「同じ」という子が現れた。少し間があって，「あ，そうか同じだ」という反応が広がり，本当に大きさが同じか確かめることを促した。

多くの子どもたちは，3回折った場合の切り取った部分である4枚の直角二等辺三角形を組み合わせて，2回折った場合の切り取った部分である正方形と同じになるかを，直接重ねることで確かめていた。

その後，黒板上でそれらの大きさが同じであることを確認すると，「次は4回折ったら」という反応があり，もう1枚折り紙を配布して確かめることを促した。4回折って切った形は，正方形の穴が4つ空いたものであった。

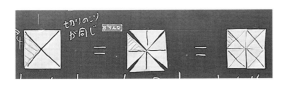

小さな正方形4つを組み合わせると，やはりちょうど2回折って切った時にできた，切り取った部分の正方形と同じ大きさになった。

ここで，「次は5回折ったら……」というつぶやきがあり，「やってみる？」と問うと，「やらなくていい」という反応があり，なぜかを問うと，「どうせまた同じ大きさになるから」という発言があった。ここで，「なんでいつも同じなの？」というつぶやきがあり，何回折っても切った大きさが同じになる理由を考えていくことを課題として設定した。

授業の終盤は，切る前の形である直角二等辺三角形に着目し，高さが半分の位置で切ると，その面積は$\frac{1}{4}$と$\frac{3}{4}$に分けられるという説明が引き出された。

4 協議会を通して

子どもたちは，折った回数によって形が変わることや，折った回数に伴って，同じ形が小さくなって登場することの楽しさを味わいながら，その大きさを比較していった。そして，何度折っても，切ってできた形がもとの正方形の$\frac{3}{4}$になる不変の関係への気付きを引き出すことができた。

しかし，途中で明らかに勘違いをしている子どもの発言を修正することができなかったり，割合ではなく数値化して求積をしようとする子どもの発言を生かすことができなかったりと，指導面での課題も残った。

協議会で指摘されたように，子どもが不変の関係の根拠を実感するには，それぞれの回数で切ったときの，大きさの違う直角二等辺三角形を並べる必要があった。今後，本題材を割合の学習に位置付けるには，折る回数が1回増えるごとに，その大きさは半分になるという変化の事実をきちんと示し，切り取った部分がいつも$\frac{1}{4}$になることに焦点化した話し合いが重要である。

また，協議を通して，子どもたちのすべてを受け止める意識だけではなく，適切な教師の出によって，話題を焦点化することによって，個を大切にした協働的な学びが実現されていくことを改めて学んだ。

「本当に当たりやすくなるのかな？」

兵庫教育大学附属小学校　**田渕幸司**

6年生の発展として，確率（モンティホール問題）を題材にした課題を扱った。場合を順序よく整理する学習の活用場面である。

1 選んだカードを変えるか，変えないか

> 3枚のカードのうち1枚が当たりです。解答者は1枚選びます。出題者はどれが当たりのカードか知っていて，解答者が選ばなかった2枚のカードのうち，ハズレのカード1枚をあけて見せます。

> 今ならカードを変えることができます。変えた方が当たりやすくなりますよ？

上記のような場面を，実際に子どもと教師でやってみて，「変えた方が当たりやすくなりますよ？」と伝えた。すると早速，「あやしい……」「ハズレに導こうとしていますよね？」「どっちにしても当たりかハズレの2択だから，確率は$\frac{1}{2}$で一緒じゃないの？」と声があがった。

カードを変えるとき，①当たりやすくなる，②当たりにくくなる，③変わらない，の3択で，自分の予想をノートに書かせると，最も多かったのは③の意見。「$\frac{1}{2}$が当たり」「2枚のうち1枚が当たりだから50％ 50％」「100回中50回は当たる」と考えた。そこで，カードを変えても，当たりやすさは変わらないのか，実際に，実験してみることにした。

2 条件をそろえて実験してみる

必ず解答者役が「変えます」と選択するという条件はそろえ，2人組で役割に分かれて実験した。子どもたちは，もっている文房具をカードのくじに見立て，何回中何回当たるかを調べ，全体で120回のデータを集めた。

実験することで，データ数を増やすことができる。また，「なぜ？」を説明するときに，実はこのやり取りを経験しておくことが，しくみに気付く手がかりとなる。

3 場合を分けて考える

（1）はじめに当たりを引いた場合
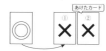
変えると必ずハズレ（①を開けたら②，②を開けたら①）を選ぶことになる。

（2）はじめにハズレを引いた場合
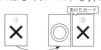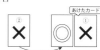
変えると必ず当たりを選ぶことになる。ハズレが2枚なのではじめにハズレを引く場合が多く，変えた方が当たりやすい。

実際にやってみると，120回中76回当たるという結果になり，予想とのズレが生じた。しかし，先ほどの実験の最中に「当たりやすくなる理由がわかった」という子が数人現れた。

上記のように，カードを変えた場合は$\frac{2}{3}$の確率で当たると考えられることを，子どもたちは場合を分けて考え，説明していった。

教材化のポイントは，そうすることで，実際に子どもの手元にあるもので実験すること。ハズレのカード2枚が区別され「なぜ？」について考えやすくなる。

「悩むんだったら，調べなきゃ！」

山口県防府市立華城小学校　**村本　涼**

1 挑戦しますか？

「お弁当屋でラッキーイベントが行われています。お会計のときに，じゃんけんをして，3回中2回勝てば半額になります。失敗したら2倍払います。挑戦しますか。」

第6学年「起こり得る場合」の単元の中で扱った課題である。

「半額だったら，やるしかないでしょ。」「いや，失敗したら2倍払うんよ。絶対やめたほうがいいよ。」「3回中2回勝つとか，厳しすぎ。」と討論が始まる。「どうすればいいの。」と問うと，「どんな場合があるのかを全て書き出せばいい。」と返ってきた。解決の見通しをもって調べ始める子どもたち。目的があるからこそ，観点を定めて，落ちや重なりがないように丁寧に調べていく。その結果が以下の通りである。

この起こり得る場合をデータとして，挑戦するかどうかを再度，判断した。全員の選択は，「挑戦しない。」理由は，「失敗の可能性が50％は，高すぎるから。」というものであった。ある子は，「最初は挑戦しようかと思っていたけれど，調べてみたら絶対に挑戦しない方がいいと思った。」と述べた。起こり得る全ての場合を調べることのよさに目を向けている。

2 条件を変えると？

「4回中2回勝てば半額というルールだったら，挑戦してもいいかもしれない。」

この発言を機に，4回じゃんけんをしたときに起こり得る全ての場合を調べることになった。その結果は下の通り。

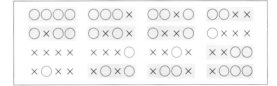

「これだったら挑戦してもいい気がするな。」「でも，僕はまだ怖い。4回中，1回勝てば半額だったら挑戦する。」「それだと店側が困るから，失敗したときに払う金額を2倍じゃなくて，3倍や4倍にしたらどうかな。」と，データをもとにした議論が止まらない。

3 現実の世界では？

「でも，こんなイベントをしている店なんてあるの？」

疑いの目をもった子どもたちであったが，調べてみると，似たような条件で実際に行われている様子。それらを見ながら，「この条件だと，店側が損しちゃうんじゃないかな。」「えー，これは悩むな。調べてみよう。」と，子どもたちはさらに動き出した。

直感だけを頼りにするのではなく，データを活用して，よりよい判断ができる子どもたちを育てたい。

こだわりの授業を紹介！

再思考する板書。
左から右へ。そして右から左へ。

宮崎県宮崎市立東大宮小学校
松浦悟史

1 板書で大切にしていること

　私が板書で特に大切にしていることは「学びの足跡が残っているか」という視点である。学びの足跡が板書されていれば，子どもたちは板書を基に振り返ることができるはずと考えているからである。

2 「だったら前の問題も……」

　写真は1年生の2月にトピックとして行った授業である。子どもが1列に並んでいるという条件でAさんの前に……Bさんの後ろに……と問題に書かれてある。

　この問題を見た時に，素直な子どもたちはAさんの方がBさんより前にいると思い込むはずである。その思い込みを生かしながら授業を展開していくこととした。

　この授業で引き出したい子どもの姿は「だったら前の問題も……」と再思考する姿である。そのためにも，学びの足跡が残るような板書が欠かせない。

　問題①②を解き終わると子どもたちは「先生，次もあるの？」「次は9人になるんじゃない？」「間の数は2人かな？」と問題③を予想していく。こんなかわいい姿を見せる1年生を裏切ることがかわいそうにもなる……。

　問題③を解き終わり「9人じゃなかったね！」という子どもたちに「答えは，みんなの予想通り9人だよ」と私が告げる。当然「おかしい！　ありえない！」の大騒ぎ。そんな中，「あ，9人になる！」と気付き始める子どもが現れた。「何で？」と問題③を再思考する子どもたち。仲間にヒントをもらいながら徐々に理解の輪が教室に広がっていく。

　問題③の答えが9人にもなることが分かると，教師が引き出したい「だったら前の問題も……」と黒板の左側，真ん中を見つめる子どもの姿が現れた。左から右へと書かれた板書を右から左へ振り返っていく子どもの姿がそこにはあった。

3 おわりに

　左から右へ。そして右から左へ。板書の形はこれだけではない。ねらいや引き出したい姿に応じて形は変わるものである。

　今後も板書にこだわり続け，子どもの学びの足跡を残していきたいと考える。

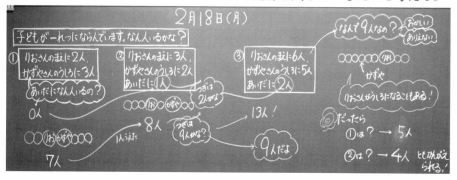

こだわりの授業を紹介！

見て、見て！ My 板書

比較を通して
問いが連続する板書

宮崎市立江平小学校
桑原麻里

1 板書のスタンダード

　板書というものは，算数科では左から書き始めて，大体黒板を３等分して……そういうものなのだとずっと思っていた。黒板の中央に問題を書いてその両サイドには比較したい考えを書いたり，黒板を上下２つに分けて下半分には図や表をかいたり，自由で良いのだと教えていただいてから，幅が広がった。板書に子ども達のつぶやきを書き，板書を見ればその日の授業の流れが分かるようにした。また，板書が子どもの思考をつなぎ，板書を見ればそこから発想が広げられればと考えるようになった。こうしなければという型に当てはめると，やりやすさはあるかもしれない。しかし，構想とは違ったものになるかもしれないが，授業と同じで，子どもと一緒に作る板書でありたいと思う。

2 思考の手助けとしての役割

　本時は，６年生の「比とその利用」の授業である。某メーカーが柿の種とピーナッツの比率を国民投票を実施し，新しい比率にしたというニュースを聞いたことがあったので，それを教材にしている。

　中央に学習問題と線分図をかいた。左には，昔の比率で出してみる。自ずと今の比率でも出してみたくなるので，右側にはそれを考えて板書した。今の比率を考える際には，左側で一緒に考えた方法が生きてくる。同じやり方は，同じ番号にした。また，中央にかいた線分図も今の比率を考える際にはヒントになる。もちろん最終的には自力解決ができたり，自分で図や表がかけるようになったりしてほしいが，どの場面で何が使えるか，そういうことも板書で伝えたいと思っている。

　左右で比較していくと，子ども達から「どれだけ増えたのかな。」という問いが生まれた。重さの違いはすぐに分かるが，「何粒増えたかもしりたい！」，「どうやったら分かるの？」問いが連続し，比の活用，平均とも関連する問いにつながった。

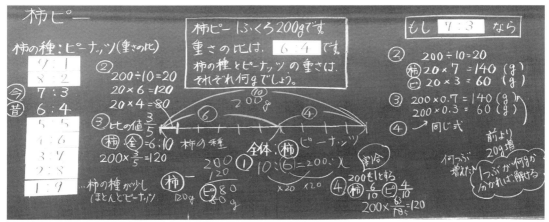

算数授業研究, 2023, No.146　47

訪ねてみたい算数スポット

SPOT-07
安積疎水を支えた和算家

福島県には猪苗代湖という大きな湖がある。この猪苗代湖から水を引き，現在の郡山市を潤した「安積疎水」というものをご存じだろうか。

安積疎水は，水利が悪く不毛の大地だった郡山の安積原野に猪苗代湖からの水を引いた大事業で，3年を費やし，明治15年に完成。幹線水路の延長52 km，分水路78 km，トンネル37か所，受益面積が約3000 ha というものである。日本三大疎水の一つで，疎水路長は500 km にもなるこの安積疎水は疎水百選にも選出されている。

手作業で掘り進めたこの一大事業を支えたのは江戸時代後期から明治にかけて活躍した和算家・佐久間庸軒である。彼は福島県田村市船引町生まれで，三春藩校「明徳堂」で多くの門弟を指導した歴史がある。

福島県白河市立みさか小学校　渡部一嵩

その功績がよくわかるものが，この福島県には数多く残っている。それは，算額である。日本国内に現存する算額は1000件ほどでそのうち400件が江戸時代に奉納されたものである。福島県には全国一多い111枚もの算額が残っている。算額を見ると，一筋縄で解けない問題ばかりで，算数を愉しんでいた当時の様子が想像できる。

白河の関を越え，算額を見た後で，美味しいラーメンや馬刺し，金賞17銘柄の日本酒で算数談話に花を咲かせませんか。

SPOT-08
深さ200 m の氷に覆われた南極大陸

ペンギン，オーロラ，回すと凍るタオル，南磁極。「宇宙よりも遠い場所」と言われる南極大陸に私は行きたい。日本からは船で40日かかるそうだ。

地球で5番目に大きなその大陸（面積は約1400万 km²）は分厚い氷で覆われ，氷床の厚さは平均2000 m と言われている。近年，温暖化によりこの氷の解ける速さが加速している。これだけ大量の氷が全て解けたら，一体どのくらい海面は上昇するのだろうか。算数の教材の匂いがする。

まず，南極の氷を直方体と見て体積を求める。大陸面積は約1400万 km²。氷の厚さは平均約2 km。氷の体積は1400万×2＝2800万 ［km³］

広島県三次市立八次小学校　福原正隆

次に地球の海洋面積を求める。

①地球の半径は，地球一周が約40000 km だから40000÷3.14÷2≒6400［km］（円周÷円周率÷2＝半径）

②地球の表面積：4×3.14×6400×6400≒5 億［km²］（球の表面積＝4×円周率×半径×半径）〔中1内容〕

③海洋の面積は，約3.5億 km²（陸地：海洋＝およそ3：7）

最後に，海面の上昇を求める。

3.5億×□＝2800万　□＝0.08［km］　A.80 m

海面が80 m 上昇。難問だが，温暖化の解決はもっと難問である。どちらも子どもとともに考えたい。

おすすめ書籍紹介

『授業者の風景 〜椿の色はつばき色〜』
正木孝昌著
東洋館出版社

　若手，中堅，ベテランを問わず，教育に携わるすべての人に読んでほしい正木孝昌先生の随筆集。この本は，正木先生が筑波大学附属小学校にお勤めされた34年の間に書かれた『教育研究』と『算数授業研究』の巻頭言，文集『若桐』に寄せた随筆等をまとめた一冊で，当時の筑波小の算数部メンバー（坪田耕三先生，細水保宏先生，田中博史先生，夏坂哲志先生）が正木先生の還暦を祝って編集したのだそうだ。「忘れられない授業や教え子の話」「影響を受けた先生の話」といった教育的なものはもちろん，「家族の話」「碁の話」「高知の話」「本の読み方」など，内容は多岐に渡っている。授業の達人である正木先生が，現役時に何を感じ，どんなことを考えていたのかが垣間見える。読んでいると1つ1つの言葉がすっと心の中に入ってきて，まるで映像を見ているかのように，その景色も教え子の姿も表情も見えてくる。

　正木先生が，こけし作りの実演を見たときにふと頭に浮かんだ「手作り」の大切さ。そこには次のようなことが書かれていた。「手作りだからといって，よい作品ができるとは限らない。手作りは人間がものと向かいあって，直接働きかけている活動である。だからそこには進歩があり，変化があり，ものとの対話がある。結果ではなく，その過程そのものに見えなければならないものがある。」これは，「授業」に相通ずるものがあると思った。正木先生の教員魂の原点がひしひしと伝わってくるようだ。　（国立学園小学校　江橋直治）

算数・数学の本

『ながーい5ふん　みじかい5ふん』
L・G・スキャンロン/O・ヴァーニック 文
木坂涼 訳
光村教育図書

　あなたは，駅に向かって歩く5分間と，ホームで電車を待つときの5分間は同じように感じるだろうか？

　本書は，5分（間）という時間を，男の子が様々な場面で長く感じたり，短く感じたりしている内容となっている。例えば，順番待ちの5分間，お風呂に浸かるように言われた5分間，寝る前の読書の5分間などである。自分が行動しているときの5分間はあっという間に過ぎ，待たされているときの5分間はとても長く感じる。同じ5分間のはずなのに，5分間の感じ方には違いがあって面白い。そんな誰もが経験したことのある体感時間の面白さを共感しながら読めるところにも本書の価値がある。

　数ページの簡単な絵本ではあるが，「この5分は長く感じるかな？　短く感じるかな？」と問いかけながら読み聞かせをしたり，実際にタイマーを使って5分間を図ってみたり，ストップウォッチを使って10秒や30秒を図ってみたりして時間という量について子どもたちと一緒に楽しみたい。

　加えて長さ，重さ，広さ，かさ，速さなどでも実際の量と体感，予想する量との大小を比べるなど他の量にも広がりが期待できる。

　子どもたちのもっている量の感覚を問う，そんな本をこれからも子どもたちに薦めたい。あなたにも算数・数学に関する絵本も手に取っていただきたい。　（広島大学附属小学校　岩本充弘）

4年生 わり算の筆算（2）「分かるけど，なんか変だ」

新潟県新発田市立住吉小学校 山田庸平

1 授業で大切にしていること

　私が算数の授業で大切にしていることは，子どもが「解決方法の理由が分かること」である。そのために必要なことは，子どもの「問い」である。解決方法の理由に迫る「問い」がないと，子どもは問題を解いて満足してしまうからである。そこでは，教師の方から発せられた「問い」ではなく，子ども自らが解決方法の理由を探りたくなるような「問い」をもたせるための手立てが鍵になる。本実践はわり算の筆算の単元である。形式的に筆算の方法を教えるのではなく，子どもの「問い」を基にして，既習の内容と関連させて解決させていきたい。そこで，本実践では「比較の対象」として誤答の筆算を取り上げ，それをもとに「問い」を生み出し，解決させていった。

2 授業の実際

図1　授業で取り
上げた筆算

　本実践では，「942÷321」を求める問題を提示した。1人の子どもが図1のように考えた。位ごとに分けて筆算をした。この考え方を学級全体に取り上げ，提示した。すると「確かに！」や「それでいいね」等の反応が見られた。しかし，中には「ちょっと待って！」「分かるけど，なんか変だ」といった声もあがった。この計算方法で筆算した子どもにはその子なりの根拠があり，その考え方に納得する子どももいて，ずれが生じた。さらに，商が3けたになると思っている子どもとならないのではと思っている子どもがいた。ここで子どもの「商は何けたになるのか？」という「問い」が生まれた。

　1人の子どもが「『900÷300＝3』だから違うと思う」とつぶやいた。これは，既習の内容である仮の商を求める考え方を使ったつぶやきである。

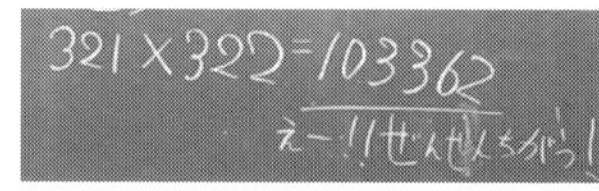

図2　商が正しいかたしかめる式

私はそれを聞き，「どういうこと？」と問い返すと，「900と942は近い数字で，300と321も近いからだいたい近い商になるはずだから違うと思う」と発言した。その発言を聞き，「なんか変だ」と思っていた子どもは「そうそう！」と納得していた。

図3　商を「3」から「2」に修正した場面

　しかし，まだ納得していない子どももいた。図1の筆算方法に固執しているのである。この子ども達は「942÷321」と「900÷300」が関連しないものとして捉えていると考えられる。そのときに1人の子どもが，「たしかめの計算をしたらちがう」とつぶやいた。その考えを学級全体に取り上げ，全体でたしかめの式を確認させた（図2）。すると，「1000を超えるよ！」「全然ちがう！」と商が322にならないことを実感した。その後，「商を3にして筆算してみようか」と投げかけ，計算させた。仮の商を修正しながら，正しい商を出すことができた（図3）。子どもが仮の商の考え方とたしかめの式を活用したからこそ，わり算の筆算の方法の意味を見出すことにつながった。

　図1のような子どもなりの根拠がある「比較の対象」を提示したことで，「なるほど，でも何か変だ」と子どもの認知の中でのずれが生じ，解決方法の理由に迫る「問い」が生まれた。その「問い」を仮の商の考え方，たしかめの式の考え方を使って問題を解決し，筆算の計算方法の理由に迫ることができた。

※本稿は，全国算数授業研究会 月報第288号（令和4年11月発行）に掲載された事例です。

Monthly report

全国算数授業研究会 オンライン 大会

🔊 **実施報告**

「主体的・対話的で深い学び」のある授業を実現できているか

兵庫県西宮市立鳴尾東小学校 **久保田健祐**

上記のタイトルをテーマに掲げた本大会。授業研の甲信越・東海・北陸・関西・私学ブロックの理事・幹事が企画し，今年の2月19日に開催した。授業動画提案に協議会，ワークショップ，講演という内容。当日は140人を超える参会者が学び合った。

授業提案は，4年生「分数」。向井大嗣先生の提案である。じゃんけんをしてAとBがどれだけ進んだかを勝負するもの（右上図）。$\frac{1}{3}$ mを単位分数として大きさを比較するものだが，授業では1目盛りを$\frac{1}{6}$ mや$\frac{1}{15}$ m，$\frac{1}{7}$ mとも捉える児童が現れる。分割分数的な見方である。これらの考えのズレを共有し，新たな課題を解決していく中で，仮分数や帯分数の理解につなげる授業者の意図が現れていた。しかし，全長が5mであること，1目盛りは1mが3等分されていること等，全体と部分を分数で捉える見方に対しては，更なる学びの深まりが必要であること等が協議会で議論された。

ワークショップでは，6名の先生から授業を見直す提案がなされた。プログラミング教材を使った授業では，考えたことを見直し改善する力を育むためのアプローチが重要であるという提案であった。深い学びの実現を目指した授業では，発見したことを価値づけ，次の学びにつながる振り返りを大切にしていくことが提案された。その子らしく学ぶことを大切にした授業では，自分らしい見方・考え方の自覚，他者の見方・考え方の解釈を大切にしていくことが提案された。学力差に視点を当てた授業では，数学的な見方を働かせるために，対象を見る行為に焦点化する等のアプローチが提案された。授業の質を高めることについての発表では，校内研究の在り方，子供の意欲と対話力を高める授業，学級経営について提案された。タブレット端末を使った授業では，自立した学習者の育成を目指し，教師の支援によって深い学びを促していく必要があることが提案された。

講演では，「受動的で静寂でその場限りの授業」に警鐘を鳴らし，"自由"をキーワードに授業研究を問い直す必要性があることが示された。また，「問題解決の型にはめることが目的化された授業」を見直し，"問い"を中心軸に据えた授業の重要性について示された。

夏坂会長からは，テーマについて総括いただいた。「主体的」とは自分で決めること，「対話的」とはお互いが変わることを楽しむ双方向のやりとりであること，「深い」とは見えなかったことが見えてくること。授業を見直す細かな視点が具体的に示された。

本大会を通じては，先生方が「自分の授業」を見直し，多様な視点から「目指すべき授業」を議論し合ったことによって，テーマに迫ることができたのではないだろうかと考える。

最後に，本大会に関わっていただいた全ての先生方に，心から感謝を申し上げたい。

発問　まずはわかるところから考えてみよう
―5年生　三角形の面積の活用―

盛山　隆雄

ツーランク
アップの
ポイント

1 問題解決で手がつかない子どもへの対応―条件から，わかるところを尋ねる発問―

　下のような直角三角形の6 cmの辺の長さの半分にして，4 cmの辺の長さを2倍にした直角三角形を書くように指示をした。

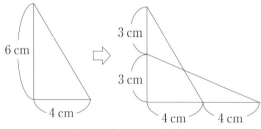

　そして，次のような問題を出した。

　「重なっている四角形の面積を求めましょう」（区別しやすいようにアとイの記号をつけて，「アの三角形」，「イの三角形」とした）

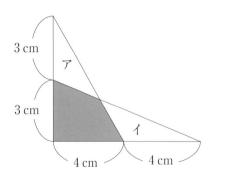

　このとき，どう考えてよいかわからない子どもがほとんどであった。そこで，次のように発問をした。

　「ここなら面積がわかる，という部分はありますか？」

　まずは，与えられた条件の中でわかるところから考えてみることがポイントになる。目的の大きな問題の解決はすぐにはできないが，わかるところから第一歩を踏み出すことが大切で，意外にその第一歩が大きな問題の解決に生きてくることがあるからだ。

　今回，そのような発問をしたら，次のような考えが現れた。

　「直角三角形の面積ならわかります」

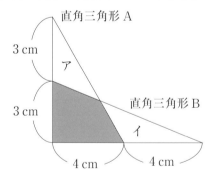

（直角三角形A）

$4 \times 6 \div 2 = 12$　　12 cm^2

（直角三角形B）

$8 \times 3 \div 2 = 12$　　12 cm^2

「2つの直角三角形は同じ面積だ！」

　このことにまず気が付くことができた。すると，さらに次のことに気が付く子どもたち

が現れた。

「ということは，わかった！」

「まだ同じ面積のところがあります！」

「えっ，アとイが同じには見えるけど……」

　確かに見た目では，三角形のアとイの面積が等しく見える。しかし，なぜ等しいのかの説明をどうするかが問題になった。そこで，気づいている子どもが，ヒントを話した。

「アもイも，直角三角形から四角形を引いた残りの面積だよね」

　「残りの面積」という言い方がうまかった。

「そうか，直角三角形の面積は両方とも同じだから，同じ四角形を引いた残りの面積は同じだ！」

　ある子どもは，次のような式を書いた。

　12−四角形＝ア

　12−四角形＝イ

　だから，アとイの三角形の面積は等しい。

２ 問題解決で手がつかない子どもへの対応—文脈にそった発問—

　いよいよ本丸の重なっている四角形の面積の話題に移る前に，同じ面積の三角形を見つけた文脈にそって，次のように問うた。

「三角形アと三角形イの面積は同じだったね。面積が等しい図形はもうないのかな」

　そう問われ，じーっと図形を観察する子どもたち。ある子どもが次のように言った。

「先生，１本線を入れたら同じ面積の三角形ができるよ」

　この発言に対して，次のように全体に返した。

「○○さんが１本線を入れたら同じ面積の三角形ができるって言ってるよ。みんなで探してみようか」

　さらに，○○さんに何かヒントを言ってくれるようにお願いした。すると，

「辺の長さを見ると，3cmと3cm，4cmと4cmで同じだから，面積が同じ三角形が見えてきました」

　このヒントは素晴らしいヒントだと感じた。

　子どもたちは，

「わかった！　ここだ！」

といった声をあげてその１本の線を入れて図形を見つめていた。一人の子どもに，下図のように線を入れてもらった。

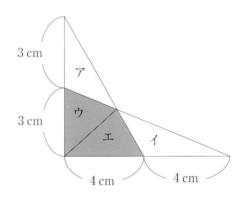

　ここまで見えてくると，次のように子どもたちの発見や思考はつながっていった。

「アとウが同じだ」

「イとエも同じだよ」

「ということは，ア，イ，ウ，エの三角形はみんな面積が同じってことだ！」

「そうか！　これなら重なっている四角形の面積がわかるじゃん！！」

　$12÷3×2＝8$　$8\,\text{cm}^2$　このように答えを導いた。解決までの筋道は，発問一つで変えることができる例である。

教材開発　自分オリジナルの教材をつくるために意識すること

森本　隆史

ツーランク
アップの
ポイント
①数学につながる内容になっているか
②問題を拡げて考えることができるか
③シンプルになっているか

◆教材を開発するときのポイント

　教材をつくっていくときに大切にしたいことはたくさんあるが，わたしは次の3つのことを特に意識している。

> ポイント①
> 「数学につながる内容になっているか」
> ポイント②
> 「問題を拡げて考えることができるか」
> ポイント③
> 「シンプルになっているか」

　「授業で楽しいことはしたが，どんな数学の内容とつながっているのかよくわからない」ということは，若いときに何度もしてしまっているし，今でも反省することは多い。単純に楽しそうなことを思いついたり，書籍から試してみたい内容をアレンジしてみたくなったりするのだが，立ち止まって考えてみると，「いったい，どの単元の内容になるのかよくわからない」ということもあるので，どんな数学の内容とつながっているのか，しっかりと考えることはやはり大切である。

　続いて，「子どもたちが問題を拡げて考えることができるかどうか」ということもわたしは大切にしている。わたし自身，算数の問題を解いたときに，拡げて考えてみることが

好きだし，拡げて考えたときに共通点があったときなどはうれしくなる。そのようなおもしろさを子どもたちにも経験してほしいとよく思うのである。

　いろいろと思いついたのだが，子どもたちに考えてほしいところにたどり着くまでに，かなりの説明と時間を要してしまうこともよくある。そのうち，子どもたちは今何をしているのかがわからなくなり，受け身になってしまう授業を何度もしたことがあるし，見たこともある。

　問題はできるだけシンプルなものがよい。

◆ある問題からのスタート

　あるときいろいろな問題を眺めていると，下のような問題に出合った。

> 下図のように5つの合同な円があります。次の図において，点アを通る直線を引いて5つの円全体の面積を二等分するにはどうすればよいですか。
>
>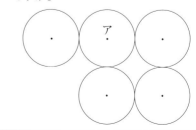

どのように線を引けばよいのか，すぐには
わからず困っていた。直線を1本引くだけだ
から，何か思いつけばすぐにできるだろうと
思って考えてみたが，結局，答えを見るとい
う結果になった。

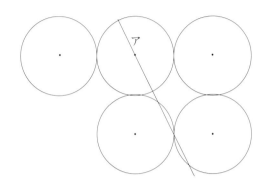

　答えは上のようなものだった。どうしてこ
れで二等分になるのか，直線の右側と左側に
分けて考えてみた。

　5つの円のうち，右上と左上の円は同じ面
積になる。点アが中心になっている円自体は，
この直線によって半分ずつになっている。問
題は下の段の2つの円がどうして半分になっ
ているのかということである。すぐには気が
つかなかった。しかし，この2つだけを見て
いると，見えてくることが変わってきた。

　この2つの円が接
したものを1つの図
形だととらえると，
この図形は線対称な
図形でもあり，点対称な図形でもあるのだ。

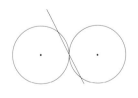

　上の図形が二等分されるのは，直線が対称
の中心である2つの円の接点を通っているか
らである。これに気がついたときは，とても
スッキリとしたし，おもしろかった。子ども

たちにも，同じおもしろさを感じてほしい。

　ただ，わたしが見た問題をいきなり子ども
たちに見せても，授業としては成り立たない。
どの単元でこの問題を扱うことができるのか。
わたしは6年生の対称な図形の活用問題とし
て扱うことにした。

　点対称な図形は，対称の中心を通る直線で
二等分されるということは，これまでの学年
でも学んできていることである。

　子どもたちが問題を拡げるためには，どの
ような提示をして，どんな発問をすればよい
のかについて考えた。わたしは最初に円を1
つだけ見せて，
「面積を半分にする直線を引こう」
と子どもたちに言った。問題自体がシンプル
になっているかどうかも気をつけた。

　円の中心を通れば，面積を半分にする直線
は無限に引ける。子どもたちとこのことを確
認した後，「じゃあ次は？」と言った後，子
どもたちが「2つじゃない」と言うのを待っ
てから，2つの
同じ円が接して
いる右の図形を
見せた。

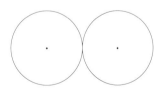

　子どもたちははじめ面積を半分にする直線
は2本だと思っていた。円の中心を結んだ直
線と対称の軸になる直線である。しかし，対
称の中心を通れば，面積を二等分する直線は
無限にあることに気づいていった。

　そして，「じゃあ，次はどんな問題を考え
ようか？」と，子どもたちに問いかけると，
3つの円について考えていくことになった。

<table>
<tr><td>

算数
創子と

数る
どを教

を
も師

</td><td>

基準量を意識させる割合教材の開発

</td></tr>
</table>

連載◇第 10 回

田中英海

1 実生活での割合の難しさ

　2022年の春，算数部の森本先生と行ったラーメン屋で流れていた TV ニュース。実生活において活用された割合もまた難しい。

> **ANA，春休み国内線予約好調　前年比□割増**
> 新型コロナウイルス感染症（COVID-19）の「まん延防止等重点措置」が 3 月22日に解除され，春休みの往来に向けて利用客が動き出している。全日本空輸（ANA/NH）によると25日から 4 月 5 日までの春休み期間中の予約数は，コロナ前の2019年同期比で約 7 割に回復したという。
> 2019年の春休み期間の利用客数は150万人程度。前年の2021年同期は約70万人で，コロナ前と比較すると 5 割にまで落ち込んだ。今年の春休み期間の旅客数は公表していないものの，コロナ前比□割減❶，前年比□割増❷の100万人前後で推移する見通し。

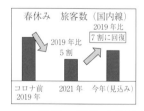

　TV では羽田空港で広報担当が左のグラフのフリップで説明していた。ニュースの数値の部分は筆者が□で隠している。さて，❶❷の□割合を表す数は何が入るだろうか？

2 コロナ前の 3 割減，前年比 2 割増？

　ニュースとグラフを配布した。ほぼ原文で，言葉の意味は補足して問題を確認していった。始めから理想化された問題ではなく，事象を数学の舞台にのせていく過程を経験させるためである。

　考える時間を取った後，どうだった？と聞くと簡単という反応があった。❶は「7 割まで回復したから，10－7＝3　3 割減」という意見。式とグラフで多くの子が納得できた。次に❷を確認した。「7－5＝2　2 割増」という意見。これに対して違うと挙手が上がるが，「なんで？　5＋□＝7で合ってるよ」と 2 割増と反論。2 割増でよさそうだけど，違うって言っている人もいるの？　と立場を問うた。この段階では，おおよそ半々であった。2 割増ではないという意見の子を指名する。「ひき算の 2 は合っているけれど，これは 2 割じゃない」という発言があった。そうそうと納得する 2 割増反対派と，ますます混乱する 2 割増肯定派。

　❶は2019年比であり，❷は前年2021年比の割合で，基準量が違っているのである。しかし，フリップで出された棒グラフの数値と矢印を見ると割合同士を引きたくなってしまう気持ちも分かる。

3 基準量の違う割合をどう捉えていくか

　この基準量の違いについて，子どもは，「5 割と 7 割は，2019年の旅客数を⟨10⟩とした時の2021年が⟨5⟩で，2019年が⟨7⟩を表している」とグラフに書き加えた。

「2021年を1とみて2022年がいくつかを表さないと，何割増でいえない」と反対派の子どもが説明をしていった。7－5＝2と考えていた子たちも，基準としていた年数の違いについては納得したものの，では何割増なのかという所まではつかめていない様子であった。

ここまで人数に着目した発言が少なかったため議論を振り返った。2022年は7割の105万人であることを確認し，$\boxed{150万人}$→（5割）→$\boxed{75万人}$→$\boxed{105万人}$であることを整理し，考える時間をとった。

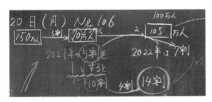

すると，始めは2割増と考えていた一人が修正できていたため指名した。「2021年の5割を2倍して10割にする。7割も同じように2倍して14割」と発表をした。この考え方に多くの子が納得をした。「10割とは，2021年を1として考えている」と付け加えられた。

私はこの時少し迷ってしまった。基準量の違う割合教材を意図的に扱い，割合を加法的に捉えるという誤概念の修正のために使った。しかし，14－10＝4（割）と計算してしまい，14÷10＝1.4と倍の見方で捉えられていないように思えたからである。どうしてそうしたのかを問い返すと2021年を10割にすればよい

と思ったと基準量を1としたい発想は伺えた。7（割）－5（割）を加法的に捉えてはいけなかった。

この後，人数を基に，150×0.7＝105（万人），75×1.4＝105（万人），105÷75＝1.4（倍）と4割増えたことが正しいを確認された。また，数直線図で考えていた子を指名し，図で確認をしていった。

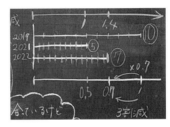

2019年を⑩とした目盛りに対して，0.5と0.7（×0.7＝3割減）を確認した後，2021年を基準として1.4と図ではどう捉えられるのかを考えさせた。すると，2021年の5の目盛りの間に1本ずつ線が違う色で書き加え10目盛りにした。これは先の10割とみる見方が活かされたといえる。2022年も同様に14目盛りにして，10と14，基準の1と1.4の関係を図で表し，基準量の変わると割合と比較量が変わることをつかんでいった。

平成27年度の全国学力・学習状況調査B2（2）の洗剤の問題（正答率13.4％）では，2割増量した480 mLから元の量を求める時に，480×（1－0.2）という誤答が27.6％いた。本教材のように基準量を変わると，割合や比較量が変わるという経験ができる教材も扱っていきたい。

https://www.aviationwire.jp/archives/247563　最終取得日：2023年3月31日

TANAKA Hidemi

AOYAMA Shoji

MORIMOTO Takashi

OHNO Kei

NAKATA Toshiyuki

SEIYAMA Takao

NATSUSAKA Satoshi

互恵的に学ぶ集団を育てる授業づくり

「キー!」と「グー!」

青山尚司

1 くじびきゲームで「キー!」

　授業でくじ引きゲームを行ったときのことである。1～9までの9枚のカードを裏返した状態で提示し、3つの枠を示した。3人の子どもが1人1枚を選び、それぞれが1つの枠に入れ、半分こにできる数を引いた子は"あたり"、できなかった子は"はずれ"である。そして、3人ともあたりになったら次のステージに進めることを告げた。

　最初の子が5を引くと、すぐに「はずれ」という反応があり、「5は2と3になるから半分こにならない」と説明がなされた。そこで、はずれて悔しいときは、みんなで頭を抱えて「キー!」と声を出すことを促した。次の子が引いたカードを裏返すと1であった。すぐにみんなで「キー!」と叫び、「1はそもそも1個だから切らないと半分にできない」という説明がなされた。そして次の子が7を引くと、子どもたちは一斉に「キー!」と叫んだ。まさかの全員はずれとなったが、はずれの理由について、「7は3個ずつ2つに分けても、1個あまって、1は切らないと半分にできないから」という説明が引き出された。

2 式に表すことのよさを共有

　次の3人のうち、1人目の子が4を引いた。

「OK!」という声が所々から聞こえたので、なぜOKかをペアで話し合った。その後、「4÷2は2で、ちゃんと割り切れるから半分こっていえます」という説明がなされた。「どう?」と全体に問うと、「式にすると、2で割り切れたらあたりっていうことがわかりやすい」と、式化のよさを認める発言が引き出された。そして、「スパっと分けられると気持ちいい!」という子がいたので、あたりのときは、「Good(グー)!」と言ってみんなで盛り上げようと告げた。次に引いた子のカードを裏返すと9であった。「キー!」という声が聞こえ、「9÷2は4あまり1で、半分こにできないからはずれ」と、式を用いた説明がなされた。

3 図に表すことのよさを共有

　くじ引きを何度か繰り返すと、ついに全員が割り切れる数を引いてあたりとなるグループが現れた。みんなで拍手をして喜ぶ中、「次のステージは?」という子がいた。「じゃあ、この枠に2枚ずつを入れて、その和が半分こにできたらあた

りです」と告げた。次の3人に2枚ずつカードを引かせ、そのカードを1人ずつめくって

いった。最初の1人が引いたのは，2と1であった。子どもたちは，やや迷った後，「キー！」と反応をした。「なんですぐ答えられなかったの？」と問うと，「最初2だからグーかと思ったんだけど，1と合わせたら3だから，2で割ると1あまるって分かった」と説明がなされた。次の子が引いたのは，3と7であった。ここでは，「キー！」と「グー！」の声が両方聞こえたので，「どっち？」と問うと，「3も7もキーじゃん」という発言があり，それに対して，「3も7もキーでいいんだけど，あまりが1ずつだから，2になって半分こにできる」という説明がなされた。「あ，そっか」という声が聞こえてきたが，あえて，「どういうこと？」と問い返し，「キー」と「キー」でなぜ「グー」になるのかをノートにまとめる時間をとった。すると，右のような図が引き出され，半分こにできる

「グー」の時はきれいな長方形になり，「キー」の時は長方形に1個くっついた形になることを確認した。そして，「キー」を2つくっつけるときれいな長方形にできることが共有された。

4 クリアできない理由

第2ステージを何度か繰り返す中で，子どもたちは以下のことを見いだした。

・「キー」＋「キー」＝「グー」

・「グー」＋「グー」＝「グー」

・「キー」＋「グー」＝「キー」

・「グー」＋「キー」＝「キー」

そして，見事3人とも2数の和が「グー」にできたとき，子どもたちは，「次のステージは3枚だ！」と意気揚々である。「3枚でもキーかグーかわかるの？」と問うと，「3つの数を足してから，一の位を見れば分かる」という意見や，「計算しなくてもあまりの数を足して2になるかどうかで考えればいい」という意見が出され，実際に判断するスピードも上がっていった。

しかし，3枚の場合は何度やってもクリアすることができない。「頑張ればできる」という根性論も飛び出すのだが，少しずつできない理由が見える子が増えていった。その子たちは，「なんで？できるかもしれないじゃん」という友達に対して，実際にカードを表にした状態で枠に入れ，どう入れ替えてもどこかの部屋に余りが生まれてしまうことを説明した。さらに，「あまりが出るのは，1，3，5，7，9の5つでしょ？ 5つのあまりを3つに分けなきゃいけないんだから，必ず1あまっちゃうじゃん」と説明をする子や，第2ステージで使った図を用いて，でっぱりが必ず1つ残ってしまうことを説明する子もいた。そして，1から9までの和が45であり，これを半分に分けることができないことが原因であることに納得していったのである。

「キー」は奇数，「グー」は偶数なのだが，子どもたちにとって大切なのは名前ではなく，その仕組みであり，それを説明するための式や図のよさを実感することができた。

TANAKA Hidemi

AOYAMA Shoji

MORIMOTO Takashi

OHNO Kei

NAKATA Toshiyuki

SEIYAMA Takao

NATSUSAKA Satoshi

どんな「目的」のために言葉を発するのか

森本隆史

　6年生に紙で作った2枚の正方形を見せた。一辺は10cmだとすることを伝えた。そして，Aのように半分に折った後，さらに半分に折って，2枚の紙を重ねた。

（A）

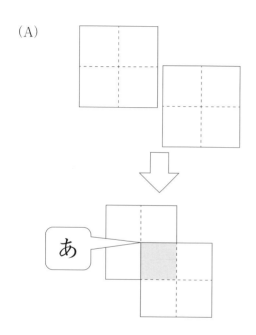

　子どもたちに，重なっている部分の面積が何cm²になるのか尋ねた。そうするとすぐに重なっている部分が25cm²だと答えた。6年生には，わかりきっているかもしれないが，「どうして25cm²だと言えるの？」と尋ねてみる。すると，半分に折って，さらに半分に折ったのだから，もともとの正方形の$\frac{1}{4}$になっていることを説明した。

　今度は，Bのように半分に折った後，さらに半分に折って2枚の紙を重ねた。

　AもBも，1枚目の正方形のそれぞれの対角線の交点（あ）の上に2枚目の正方形の角がくるようにしている。

（B）

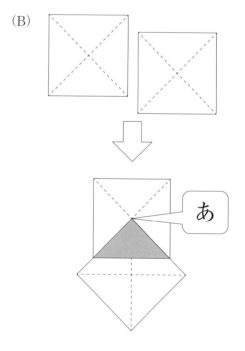

　同じように，重なっている部分の面積を尋ねると，やはり25cm²だと言う。しつこいが，「どうして25cm²だと言えるの？」と尋ねると，さきほどと同じようにもとの正方形の$\frac{1}{4}$になるからと説明してくれた。

　次に，正方形の角が（あ）の上にあるよう

にしながら，A の状態から B の状態になるように少しずつ動かすが，途中で止めて C のようにした。

(C)

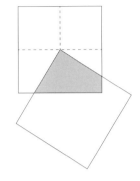

そして，重なっている部分の面積が何 cm^2 になるのかを子どもたちに尋ねた。

先ほどまでの子どもたちの反応とは少しちがっていた。教室の中に，「ん？」と困っている子どもたちが何人もいるように見えた。

このような瞬間に，わたしはどのように言えばよいのか，よく迷う。連載のタイトルにもしているが，こんなときに，教師がどのようなことを言うのかによって，授業の流れは大きく変わっていく。教師の判断力が必要になってくる場面だ。

いつもよりよい判断をしたいと思っているが，授業をしていると「あのとき，〜と言っておけばよかった」ということは，日常茶飯事である。

読者の方だったら，こんなとき，次にどのようなことを言うのだろうか。些細なことかもしれないが，このようなときに，自分以外の方はどんなことを言うのかが気になるし，自分とちがうことを考えている方の意見を聞いてみたいと思う。そのようなことをくり返していくことで，自分の言葉の引き出しが増えていくからだ。

わたしはこのとき，
「A は25 cm^2 だったね。B も25 cm^2 だったね。
多分でいいんだけど，C は何 cm^2 になると思う？」
と言った。

わたしがこのように言ったのは，適当ではなく目的がある。

まず，わたしは多くの子どもたちが困っていると見取った。困っている子どもたちは，自分から動くことがなかなかできない。だから，少しでも自分から動けるようにしたいという意識がわたしには働いた。まったく見通しがもてない状況から，「多分○ cm^2 になりそうだ」と考えるきっかけを与えたかった。この場合の目的は，見通しをもたせることで，子どもと算数をつなぐということである。

読者の方もお察しの通り，子どもたちは，
「多分，C も25 cm^2 になると思う」
と言った。実際には，C も25 cm^2 になる。

次に，「多分でいいんだけど」と言ったことについては，子どもたちの心のハードルを下げるという目的があった。算数では，正解を出さないといけないと，子どもが思ってしまいやすいため，子どもたちの動きが悪くなるときがある。教師があらかじめ，「多分で大丈夫」と，子どもたちに伝えることで，考えやすくするということだ。

どうして25 cm^2 になるのかは，また別の場面で紹介させていただきます。

TANAKA Hidemi

AOYAMA Shoji

MORIMOTO Takashi

OHNO Kei

NAKATA Toshiyuki

SEIYAMA Takao

NATSUSAKA Satoshi

ビルドアップ型問題解決学習

「計算の性質」を活用できる子供に育てる

大野　桂

■「計算の性質」を計算の仕方を考える場面でなかなか活用できない

　計算指導の集大成である6年「分数÷分数」では，これまでに身につけてきた計算の意味と仕方に対する見方・考え方を総動員して，発想豊かに様々な計算の仕方を見出してほしいというのが指導者としての願いである。例えば，「$\frac{4}{5} \div \frac{2}{3}$の計算の仕方を考えましょう」と問題提示をし，自由に自力解決に取り組ませたとして，わり算の式と商の関係に着目し，次のような「わり算の性質」を活用した計算の仕方を見出せる子どもが自然と表れて欲しいと私は思うのである。

「÷分数」だと，どう計算してよいかわからないから，割る数の$\frac{2}{3}$を3倍して2にして，とりあえず商を求めてしまおう。

$$\frac{4}{5} \div \frac{2}{3} \times 3 = \frac{4}{5} \div 2 = \frac{2}{5}$$

　割る数を3倍したということは，商の大きさは，もとの式より大きな数で割ったことになるから小さくなる。具体的にどのくらい商の大きさが小さくなっているかというと，割る数を3倍したのだから，商の大きさはもとの式の$\frac{1}{3}$の大きさになっている。だから仮に求めた商である$\frac{2}{5}$を3倍してあげればもとの式の商に戻すことができる。$\frac{2}{5} \times 3 = \frac{6}{5}$

　しかし，「計算の仕方考えましょう」と課題を与えられても多くの子供が何をしてよいかわからず，手が止まってしまうのが現実だし，先に示した「式と商の関係に着目したわり算の性質」を活用するなど，柔軟に計算の仕方を考える子どもはほぼいない。

　この原因は，6年間にわたって学んできた「計算の性質」が，学習はしてきているので知識としては身についているが，計算の仕方に活用するなど，活用することができる既習としては身についていないということだと考えられる。

　そう考えると，「計算の性質」を計算の仕方に活用できるようにするためには，1年生の加法・減法から継続的に「計算の性質」を計算の仕方に活用する指導に取り組むことが必要ということになる。

■1年生から積極的に「計算の性質」を活用する計算の仕方の指導に取り組む

　本連載では数回にわたって，「計算の性質」を活用できる子どもに育てるために，1年生で取り組むと効果があると考えた，新しい実践を提案する。

　具体的には，少し大きな2桁の数の繰り上がりがある加法・繰り下がりのある減法の計算の学習で，「概算」を取り入れた指導を行う。

　1年生の計算指導では，繰り上がり・繰り下がりの仕方に指導の重点がかけられている。

それは，十進位取り記数法の理解を深めるという意味で大切な場面であるし，そもそも計算の仕方として，繰り上がり・繰り下がりの仕方はとても有効なものだからである。

しかし，繰り上がり・繰り下がりの仕方を子どもが理解するのがなかなか難しい現実がある。だから，これまで楽しく算数を学んできた１年生が，この学習場面になると，これまでと違って理解に時間がかかってしまうため，算数に対して苦手意識を持ってしまったり，計算の習熟の差により劣等感を持ってしまったりして，学級に学力差が出てしまったりすることがある。

今回，提案する「概算」を取り入れた加法・減法の実践は，その苦手意識のある繰り上がり・繰り下がりからいったん離れ，「式と答えの関係に対する素直な感覚」を働かせながら，「加法・減法の計算の性質」を用いて，発想豊かに計算の仕方を学級全体で仲間と協働しながら見出していくという学習である。

つまり，ビルドアップ型問題解決学習，すなわち子どもの学力差にとらわれない算数授業を展開する上で有効な教材になるのである。ちなみに，本実践で扱う具体的に扱う「加法の計算の性質」とは次に示すものである。

$$18 + 9 = 27$$
$$\downarrow +1 \quad \uparrow -1$$
$$18 + 10 = 28$$

＋9より＋10の方が計算は簡単だから，たす数を１大きくする。たす数を１大きくしたということは答えが１大きくなる。だからもとの式の答えにするには，その答えを１小さくする必要がある。よって，もとの式の答えは，28－1をして27となる。

■「計算の性質」を活用して計算の仕方を考える授業の具体

本実践の最大の肝は「概算」である。人は「概算」を実行するときに，きりよくおおよその数を捉え，計算を簡単にしようとする。この自然な行為を最大限に活用し，その中にあらわれる「式と答えの関係」，すなわち「たす数が大きくなると，答えも大きくなる」というたし算の性質を用いた考えを取り上げ，その性質を使って柔軟に計算の仕方を見出させていこうとうのが本実践である。それでは，授業の具体を述べていく。

「だいたいいくつ？」この発問から授業ははじまった。発問した後すぐに，式「18＋9」を板書した。

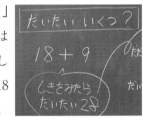

すぐに子どもたちから反応が返ってきた。しかもその反応はほとんどが同じで，「だいたい28」であった。

まさに，「切りよくおおよその数を捉え，計算を簡単にしようとする」，すなわち「概算」を子ども達はしたのだと私は思った。

この後，子ども達は対話を通して「だいたい28」と考えた理由を明らかにしていくことへと授業が展開されてく。そして，その対話を通して，子ども達は「たし算の性質」を用いた計算の仕方を見出していくことになる。

続きは次号で……

TANAKA Hidemi

AOYAMA Shoji

MORIMOTO Takashi

OHNO Kei

NAKATA Toshiyuki

SEIYAMA Takao

NATSUSAKA Satoshi

数が増えるきまりをみつけ，きまりの理由を考える
― 4年「ハノイの塔」―

中田　寿幸

1 ゲーム「ハノイの塔」を楽しむ

ともなって変わる2つの量の学習を終えた4年生の子どもたちとゲーム「ハノイの塔」を楽しんだ。ハノイの塔のルールは次のようになっている。

● 積み上げられた輪を，すべて他の棒に移す。

● 1回に1枚ずつしか移せない。

● 小さい輪の上に大きい輪は移せない。

　4人で1台の「ハノイの塔」を交代しながら行った。しばらくすると「うまいやりかたがわかった！」「コツがある」「避難させればいい」などの声が聞かれるようになる。

2 輪を移すコツは？

　輪を移すコツを全体で共有していく。子どもから少ない数から確認するといいというアイデアが出たので，1段から考えた。

　輪が1段だと，1回で移せる。

　輪が2段だと，移したいところではないところに1段目を避難させてから，2段目を移し，その上に1段目を乗せればよい。「避難」させるのがコツだと言う。

　輪が3段だと……。

　ここで「輪をうつす回数をできるだけ少ない数にしたい」と問題を示した。

「段が増えると大変だよ」

「3段をはっきりさせれば，段が増えてもわかるんじゃないか。あとは繰り返し　」

「規則性がありそうだよ」

　そんな意見が出される中，ゲームに戻り，3段のときの最も少ない数を数えた。

3 増え方にきまりがあるかな？

　3段が7回だとわかると，表にすることで回数が2回，4回と増えていることが見えてきた。

「4段は6回増えて13回かな」

「差が2倍になっているかもしれない。そうしたら，15回になる」

「2×2が4だから，次は4×4で16増えるかも」と増え方を予想した。

　予想したのち，ゲームを続けて増え方を確かめていった。

　4段の最少の数は15回であった。これで増え方が2倍になっているとわかった。

　ここからは計算で回数を求め，その回数になるかどうかを確かめていった。

4 とんでもなく増えていく（2時間目）

　休み時間にハノイの塔で遊びながら，枚数が増えると移動させる数の増え方が大きいことを子どもたちは感じていた。

　今回使ったハノイの塔の輪は10段ある。すべてを移すのに最少でも1023回かかることを計算で求めていった。

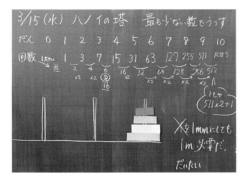

　2時間目は大きく3つの活動が並行して行われていた。

　1つ目は求めた回数を，輪を動かしながら数える活動。

　2つ目は増え方をグラフに表す活動。

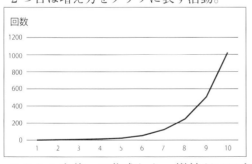

　エクセルを使って作成した。縦軸が1000を超える。輪が増えると，回数の増え方が大きくなることがよくわかる。

　3つ目は回数を式で表す活動。

　増え方を表に記入していく中で，元の回数にプラス1した数ずつ増えていることが見えてきた。10段目は9段目の511を2倍して1

たすということを式で511×2＋1という式で表した。

5 式の意味を操作とつなげる（3時間目）

　これまでは増える数を考え回数を求めていたが，回数×2＋1の式

で次の段の数がわかるようになった。しかしここで，「＋1」の意味にこだわる子がいた。「なぜ＋1をしているのだろう」と式の意味を考えた。

　2時間目に輪を動かして数を数える活動をしているときに，「土台の引っ越

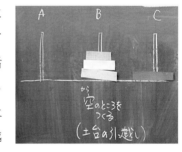

し」という言葉が出ていた。上の板書だとAにあった4段のうち，上の3段を真ん中のBに避難させて，土台の4段目をCに動かすと，あとはBの3段をCに動かすだけなので3段の移動が7回でできるとわかる。すなわち4段の移動は上の3段を7回で移し，土台の4段目を引っ越したら，7回で3段を移すことになる。式では7＋1＋7＝7×2＋1となった。「＋1」は「土台の引っ越し」の1

回であり，「×2」は3段の移動の7回が2回あることを表しているのである。

三角形の面積の活用
—みんなで納得する豊かな説明活動—
盛山隆雄

1 三角形の底辺と高さを使った説明

長方形の用紙を配付し，図のように折るよう指示をした。

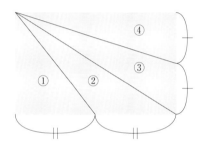

そして，次のような問題を出した。
「①～④の４つの三角形の中で面積が等しい三角形はどれでしょう」

この問題に対して，次のように考える子どもがいた。
「辺の長さは何cmですか」

しかし，すぐに周囲の友だちから，
「長さはいらないでしょう」
と言われ，もう一度図をよく見てみることになった。ペアをつくって，しばらく一緒に考えた後に，ある子どもに発表してもらった。
「①と②は，底辺の長さと高さが等しいので，面積は等しいです。」
と話した。

また別の子どもは，
「③と④は底辺と高さが等しいの面積は等しいです」

と同じように話した。

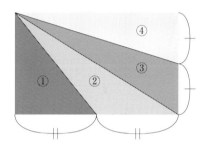

このとき，
「これって，全部等しいと思います！」
と言う子どもが現れ，他の子どもたちに，
「なんで等しいと言えるの？」
という問いが生まれた。①と②が等しいこと，③と④が等しいことは，見えている子どもは多かったが，全て等しいと見る子どもは少なかった。ここでこの問いに対して考える時間をとった。

2 等積変形による説明

しばらくして，発表に移った。まず次のような考えが発表された。

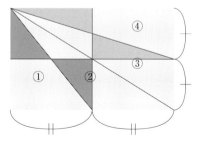

「このように，①は元の長方形の$\frac{1}{4}$の面積の

長方形に形を変えることができます。④も$\frac{1}{4}$の面積の長方形に形を変えることができます。①と④の三角形が，合同な長方形になったので，面積は等しいです」

この考えを聞いて，他の友だちから「おー」といった驚きの声が上がった。そのとき，
「そうか，だったらわかった！」
「それなら②と③も同じじゃん！」
といった声が教室のあちらこちらから上がり始めた。

3 論理的な考えを使った説明

ある子どもが，図に○を書きながら説明した。
「底辺と高さが等しいから①と②は面積が等しいってさっきやったよね。①と④の面積が等しいということは，②と④も等しいってことがわかります」

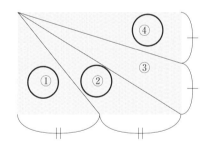

この話を聞いていた別の子どもが出てきて，「③と④も等しいってやってたよね。だから，①～④のすべての三角形の面積は等しいってことだよ！」と説明した。

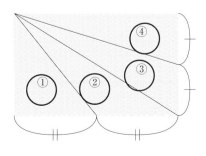

4 式を使った説明

最後に，別の考えを持つ子どもが，次のような考えを発表した。

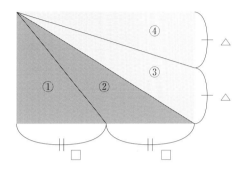

「同じ長さを，□と△で表すと，①～④の三角形は，次のような式に表すことができます。」

- $\square \times \triangle \times 2 \div 2 = ①$
- $\square \times \triangle \times 2 \div 2 = ②$
- $\triangle \times \square \times 2 \div 2 = ③$
- $\triangle \times \square \times 2 \div 2 = ④$

「$\times 2 \div 2$は消えるので，全て，$\square \times \triangle$になります。だから，①～④のすべての三角形の面積は等しいです」

これまで発表された説明とは全く異なる見方に，みな目から鱗といった感じだった。

この子どもは，図形に関する問題でもいつも式を利用しようとする子どもだったので，他の友だちから
「○○さんらしいね。」
といった言葉が聞こえた。多様な考えを聞き，頭をフル回転させて考えた子どもたち。さらに最後に一人の子どもが言った。
「もしかして，平行四辺形でも同じことが言えるんじゃない？」
次時も探究は続いた。

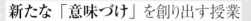

新たな「意味づけ」を創り出す授業

連載☆第10回

折り紙を重ねた部分の面積

夏坂哲志

折り紙を2枚重ねて

一辺の長さが12 cm の正方形の折り紙が2枚ある。これを少しずらして重ねたときにできる形の面積を考えてみる。

例えば，右図のように重ねたとする。全体の面積は何 cm²だろうか。

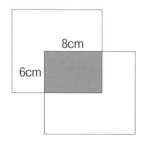

重ねた部分の長方形は6×8＝48(cm²)である。全体の面積はどのように求めたらよいだろうか。

考えられる求め方の1つは，正方形2つ分の面積から，重なっている部分の面積を引く方法である。式は，次のようになる。

$12×12×2−48＝240$（cm²）

別の求め方として，正方形1つ分の面積にL字形の部分の面積をたすという方法もある。このような問題場面の中で，L字形の面積の求め方を考えさせてもよいだろう。

上のL字形は，正方形から6×8の長方形を引いた形なので，$144−48＝96$（cm²）になるはずなのだが，別の求め方でも，本当に96 cm²になるのだろうか。そんな問題意識をもたせて考えさせてもよい。

さて，このL字形だが，特殊な寸法なので，その面積の求め方は，工夫すれば様々考えられる。

それらは，例えば次のような式で表される。

①$6×4×4＝96$（cm²）

②$6×(12＋4)＝96$（cm²）

③$(6＋2)×12＝96$（cm²）

いずれにしても，分割して考えているうちに，この全体の形の中には，48 cm²の長方形が5つあることが見えてくる。だから，全体の面積は$48×5＝240$（cm²）と求めることもできる。

2 重ねた部分の面積を，折り紙の半分に

左上の図のように重ねたとき，重ねた部分の面積は，折り紙の$\frac{1}{3}$になっていることがわかった。では，折り紙をもう少し動かして，重ねた部分の面積を増やすことを考えてみる。

重ねた部分の面積が，折り紙のちょうど半分になるようにするには，どのように重ねればよいだろうか。

「半分」なのだから，折り紙を半分に折り，その折り目に合わせて重ねればよい。長さを測る必要もない。

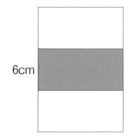

重ね方は，他にはな

いだろうか。

折り紙1枚の面積は $12 \times 12 = 144$（cm^2）。その半分だから，重ねた部分の面積が$72\,\text{cm}^2$になればよい。面積が

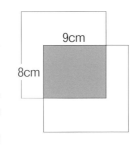

$72\,\text{cm}^2$の長方形を考えてみると，真っ先に思い浮かぶのは，縦$8\,\text{cm}$，横$9\,\text{cm}$（$8 \times 9 = 72$）の長方形。これも，答えの1つである。

このようにして，縦と横の積が72になる組み合わせをいろいろと考え，それらを1つの図に重ねてみると，右のようになる。

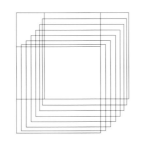

図の左上に，反比例のグラフの曲線が見えてくるのが面白い。

３ 面積が半分の正方形はできるか？

上の問題を難しくしてみる。

「重ねた部分を，折り紙の半分の面積の正方形にすることはできるか？」である。

$x \times x = 72$となるxの値が，正方形の一辺の長さとなる。中学生であれば，$x = \sqrt{72}$と答えを求めることはできるかもしれない。だとしても，その長さを物差しで正確に測り取るのは無理である。

ところが，右上の図のようにして点Aの位置を決め，点Aに正方形の頂点を置いて重ねれば，重ねた部分の面積は$72\,\text{cm}^2$となる。

正方形の面積 ＝ 対角線 × 対角線 ÷ 2

を使えば，そのことが説明できる。

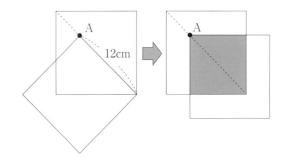

この問題に対して，6年生はどのようにアプローチしていくだろうと思い，卒業間際の3月に出題してみることにした。

そこでは，はじめに，「重ねた部分が折り紙の$\frac{1}{4}$の面積」になる重ね方を考えさせた。そのときの方法の1つが，「折り紙を対角線で折り，その折り目に合わせてもう1枚を重ねればよい」というものだった。

これが，「$\frac{1}{2}$の正方形」

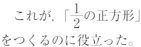

をつくるのに役立った。

$\frac{1}{4}$の直角二等辺三角形を2つくっつければ$\frac{1}{2}$。だから，この直角二等辺三角形を2つ組み合わせてできる正方形は，「もとの正方形の$\frac{1}{2}$の正方形」になるのである。

公式を使う必要も無い，一目でわかる説明に恐れ入った。

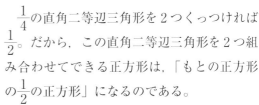

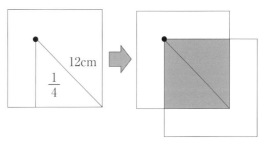

ⓘ 算数授業情報

information

614

「算数授業研究」第73回 公開講座

日　時：5月13日(土)

テーマ：算数授業を見直す視点

9：45〜　　受付開始

10：15〜　　公開授業①・協議会

　　　　　3年「かけ算とわり算」　田中英海

11：05〜　　協議会

13：20〜　　講演「算数授業を見直す視点」

　　　　　中田寿幸

14：20〜　　公開授業②・協議会

　　　　　6年「対称」　青山尚司

16：00　　　閉会

615

オール筑波算数サマーフェスティバル ——子どものつぶやきが聞こえる対面 大復活祭

日　時：7月16日，17日(日・月)

テーマ：授業力を問い直す　—成功と失敗の

　　　　　分かれ目—

＜16日＞

9：30〜　　受付開始

10：00〜　　公開授業①・協議会

　　　　　夏坂哲志

13：00〜　　講演　青山尚司

14：15〜　　公開授業②・協議会

　　　　　OB　山本良和先生

＜17日＞

9：00〜　　2年公開授業③・協議会　大野桂

11：00〜　　シンポジウム

＜OB 細水先生 OB 田中先生 OB 山本先生＞

13：30〜　　5年公開授業④・協議会

　　　　　盛山隆雄

15：30　　　閉会

616

全国算数授業研究大会

日　時：2023年8月5日・6日(土・日)

テーマ：自立した学び手に育つ授業の条件

＜5日＞

13：00〜　　会長挨拶

13：10〜　　基調提案

13：30〜　　シンポジウム

14：20〜　　4年公開授業①・協議会

　　　　　江橋直治（国立学園小）

16：00〜　　授業選手権

　　　　　（2日目の公開授業②のプレゼン＆投票）

＜6日＞

9：00〜　　公開授業②・協議会

　　　　　（2，3，4年1本ずつ）

10：50〜　　ワークショップ①

11：25〜　　ワークショップ②

12：30〜　　Q＆A講座（昼食時間中）

13：00〜　　授業を見て語り合うミニ講座

13：55〜　　5年公開授業③・協議会

　　　　　盛山隆雄

15：35〜　　講演「未定」会長　夏坂哲志

16：05〜　　閉会行事

617

定期購読者限定 無料オンライン公開講座

定期購読者は無料で参加できます。

日　時：9月9日（土）PM

13：30〜　授業ビデオ公開（3年 or 5年）

　　　　　田中英海

14：20〜　協議会

15：10〜　選択型講座

618

算数授業研究　GGゼミ（オンライン）

オンラインで気軽に参加できます！

第20回　6月3日（土）　13：30〜16：00

テーマ：協働的な算数授業を実現するための
　　　　教師の構え

講　師：笠井健一先生（ゲスト），森本隆史

第21回　8月27日（日）　9：30〜12：00

テーマ：2学期の算数をもっともっとおもし
　　　　ろくする教材と指導技術

担　当：中田寿幸，田中英海

第22回　1月13日（土）　14：30〜17：00

テーマ：未定

担　当：盛山隆雄，大野桂

619

『算数授業研究』第74回公開講座

日　時：10月21日（土）

授業者：森本隆史，大野桂

講　演：夏坂哲志

620

新刊
『算数授業を左右する 教師の判断力』

森本 隆史／編著

算数授業を子どもと創る研究会／著

　指名した子から望む発言が出ないとき，すぐに別の子を指名する以外には，どんな判断があるでしょうか。

　本書では，3つの判断×21の場面で計63通りの，子どもの学びの質を上げる判断の選択肢を提示しています。

　眼の前の子どもに応じる授業を実現するための，授業中の判断の幅が広がる一冊です。

ⓔ 編集後記
editor's note

◆わたしが新規採用5年目のときだった。校内で研究授業をした後の研究協議会で，わたしは次のように言ってしまった。
「今日の子どもたちは緊張していて，いつものように話すことができなかった」

　その場では，そのことに対して，特に何も言われなかったのだが，当時の教頭先生から次の日，A4の紙に3ページにもわたる文章をいただいた。その中には，批判だけでなく，わたしの授業を価値づけてくださるものもあった。しかし，協議会での上記のわたしの発言に対して，次のような言葉があった。「森本先生は，協議会で『今日の子どもたちは緊張していた』と，いかにも子どもたちが悪いかのように発言をされていました。しかし，子どもたちをそのようにさせてしまったのは，森本先生ご自身ではないでしょうか」わたしはこの文章を読んだとき，思わず涙が出てきた。自分の至らなさを子どもたちのせいにしている自分が恥ずかしくなったからだ。このときからわたしの授業観，子ども観が変わった。

◆森先生が語る「にがい経験」，重松先生のページには「先生の都合」，岡本先生のページには「子どもが困ることを前向きに捉え」という言葉がある。本号には，わたしたちが大切にしないといけない授業観，子ども観がたくさん書かれている。
「算数授業を見直す14の視点」という特集テーマだったが，その裏にある執筆された先生方の「観」を感じ取っていただき，読者の先生方の授業を見直すきっかけが生まれれば幸いです。
（森本隆史）

ⓝ 次号予告
next issue
No.147

特集　図形指導を楽しむ

　構成，弁別，作図といった，具体的な操作を伴う図形の学習は，子どもたちにとって楽しいものです。次号は，算数好きな子をさらに増やしたいという願いから，図形指導について特集を組みました。

　子どもたちはもちろん，先生方も楽しくなる，「図形」領域を中心とした実践事例と，図形に親しみながら豊かな感覚が育つ活動や作品づくりのアイデアが盛りだくさんの内容となっています。

　図形指導の基本がわかる貴重な一冊です。ぜひ，手に取って，日々の指導の参考にしていただけたらと思います。

ⓢ 定期購読
subscription

　『算数授業研究』誌は，続けてご購読いただけるとお得になる年間定期購読もご用意しております。

■ 年間購読（6冊）5,292円(税込)
　［本誌10%引き！　送料無料！］
■ 都度課金（1冊）980円(税込)
　［送料無料！］

　お申込詳細は，弊社ホームページをご参照ください。定期購読についてのお問い合わせは，弊社営業部まで（頁下部に連絡先記載）。　　https://www.toyokan.co.jp/

算数授業研究 No.146
2023年5月31日発行

企画・編集／筑波大学附属小学校算数研究部
発　行　者／錦織圭之介
発　行　所／株式会社 東洋館出版社
　　　〒101-0054　東京都千代田区神田錦町2丁目9番1号
　　　　　　　　　　　コンフォール安田ビル2階
　　　電話　03-6778-4343（代　表）
　　　　　　03-6778-7278（営業部）
　　　振替　00180-7-96823
　　　URL　https://www.toyokan.co.jp

印刷・製本／藤原印刷株式会社
ISBN 978-4-491-05292-2　Printed in Japan

見やすい二色刷り

本時案

おはじきは全部で何個あるのかな？

11/11

本時の目標
・3口のたし算場面を通して，たし算の交換法則と結合法則が成り立つことや，式の中に（ ）を用いる意味を理解することができる。

本時の評価
・たし算の交換法則が成り立つことを理解することができたか。
・たし算の結合法則が成り立つこと及び（ ）を用いて式を表す意味を理解することができたか。

準備物
・おはじきの数を書いたカード

授業の流れ

1 全部で何個あるでしょう？

$5+15=20$　$30+15=45$
$20+30=50$　$45+5=50$
$30+5+15=50$　$5+15+30=50$
$30+15+5=50$　$15+5+30=50$

問題場面を提示し，おはじきの個数を書いた3つのカード（30，5，15）を見せる。子どもは，たし算の場面だと判断し，個数を求める式を書く。そしておはじきの数は，2つの式でも1つの式でも求められること，足す順番が変わっても答えは同じだということを確かめる。

何色のおはじきの数から足してもよいので，たし算の交換法則が成り立つ意味が理解しやすい。

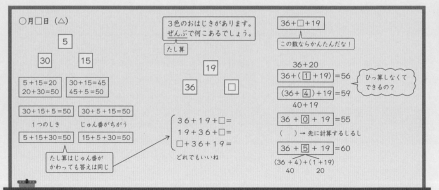

2 たし算は順番が変わっても答えは同じだから…

もう1組のおはじきの数（36，□，19）を示す。ところが，1つの色のおはじきの数は決まっていない。後で数を決めることを伝え，1つの式に表すことにする。

3 「36+□+19」の計算が簡単にできる数を入れよう！

$36+1+19$
$36+4+19$
$36+5+19$
$36+0+19$

「36+□+19」の□の中に，この数だったら簡単に計算できると思う数を書き入れさせると，上のような数を入れている。

4 どうしてその数にしたのかな？

友達が□の中に入れた数の意味を考える。
「1」は「1+19＝20」になるから簡単だと言う。また，「4」の場合は，「36+4＝40」になるから簡単で，どちらも足すと一の位が0になる数にしていることが分かってくる。
さらに「5」の場合は，これを4と1に分けて，「36+4＝40」と「1+19＝20」にしていることも理解される。

まとめ

たし算は足す順番を変えても答えは変わらないこと，そして，3口のたし算の場合に右側から先に計算しても左側から計算しても答えは変わらないことを確かめる。また，3口のたし算で先に計算することを表す記号に（ ）があることを教える。
$36+（1+19）＝56$
$（36+4）+19＝59$
$36+5+19＝（36+4）+（1+19）＝60$

おはじきは全部で何個あるのかな？
048

第11時
049

各巻1本の授業動画付

1年(上) **中田 寿幸** 「とけい」第2時

2年(上) **山本 良和** 「たし算」第11時

3年(上) **夏坂 哲志** 「わり算」第10時

4年(上) **大野 桂** 「倍の見方」第1時

5年(上) **盛山 隆雄** 「小数のわり算」第1時

6年(上) **尾﨑 正彦** 「対称な図形」第1時
関西大学 初等部 教諭